簡明法律英漢辭典

五南編輯部 編訂

- 進窺法學堂奧之必備工具書
- 取材豐富，用詞審慎

凡例

六、本辭典所用之符號如下：

*：表示該句為一法律諺語或成語。

( )：表示補充說明或為可省略之部分，
例：
abridg(e)ment中括強內之部分係尚可拼寫為abridgment

凡例

一、本辭典主要係收錄英、美二國常用之法律名詞，將其翻譯成中文，並加以註解。

二、本辭典之排印方式均依字母ABC順序排刊，讀者只需依字母之排序順序，即可查出所欲對照之中文翻譯及註解。

三、本辭典之英文法律名詞皆用黑體羅馬字排印，但如以斜體羅馬字排印者，表示該斜體字部分為拉丁文之原文。例：

A l'mpossible nul n'est tenu.

No one is bound to do what is impossible. 任何人都不承擔責任去從事不可能的事情。

1. 黑體字部分表示該句之拉丁文原句。
2. 英文部分表示該拉丁文原句之英文翻譯。
3. 中文部分表示該拉丁文原句之中文翻譯。

四、本辭典中各法律名詞之詞類皆用細斜體排印，

accept V.中之V.即代表動詞verb。

accepted a．中之a．即代表形容詞adjective。

acceptance n．中之n．即代表名詞noun。

五、本辭典所用之略語如下：

（英）：英國
（美）：美國
（俚）：指俚語
（俗）：指俗詞
（複）：指該英文法律名詞複數時之中文翻譯及用法。

A

abate *v.* 中止，停止，減免，減輕，成為無效，廢除，撤銷

abatement of nuisance 減輕損害，排除妨害，減少干擾

abidance by law 遵守法律，守法

abide *v.* 遵守，履行，堅持；居住，居留

abnormal *a.* 反常的，變態的

abolish *v.* 廢止，廢除；取消，撤銷

abolishment *n.* 廢止，廢除（法律、習慣等），取消，撤銷

abolishment of law 法律的廢止（廢除）

abolition *n.* （法律、習慣等的）廢除．取消

abortifacient *n.* 墮胎藥物

abortion *n.* 墮胎；流產

abridge *v.* 剝奪；節略

abridg(e)ment *n.* 節本，摘要；法律年報摘要；（權利、自由等剝奪）

absence *n.* 缺席；不到庭；失蹤；缺乏

absence of consideration 缺乏約因，缺乏對價

absence of proable cause 缺乏可信訴因

absolute *a.* 絕對的；完全的；純粹的；專制的；獨裁的；無條件的

absolute defence 絕對抗辯

absolute privilege 絕對特權

abstain *v.* 棄權；戒除，避免，避開

abstain from an act 不作為

abuse *n.* 濫用，妄用；虐待；辱罵；弊端

abuse of law 濫用法律

abuse of process 濫用訴訟程序

abuse of rights 濫用權利

abuse *v.* 濫用；辱罵；虐待

abut *v.* 鄰接，毗連，緊靠

abuttals *n.* 地界

acceleration clause 提前條款（指貸款契約中規定，在某種情況下可要求提前償還的條款）

accept *v.* 承認，認可；承兌；接受，承攬

acceptance *n.* 承諾；承認，認可；認付，承兌；接受，承受；承攬；驗收

accessory （英國常用accessary） *n.* 附屬物，附件，從物；同謀，幫兇，從犯

accessory after the fact 事後從犯

accessory before the fact 事前從犯

accessory during the fact 作案時的從犯，在場從犯

accessory to a crime 幫兇，從犯，同謀犯

accessory *a.* 附屬的，從屬的，附加的；同謀的

accommodate *v.* 調停；變通，通融，供應；使適應；留宿，收容

accommodation *n.* 調解；變通，通融；貸款；供應；（予以）方便，住宿

accomplice *n.* 共犯，同謀，從犯

accord and satisfaction 和解和清償（指在違反契約或不法侵害時，雙方當事人和解，使受害人受償。）

account stated （債務人認為無誤的）確定欠帳清單；帳目陳述（單據）【指能用作表面證據證明債務人承認欠帳的兩種單據形式。一種為債務人經過親筆寫上『我欠你』（IOU）的簽名帳單；另一種為經過債務人承認的帳目結算單。】

accountability *n.* 責任；可說明性；會計責任
accountable *a.* 有說明義務的；負有責任的；可說明的；可解釋的
accredited law school 備（立）案的法學院
accredifation *n.* 立案，備案；任命；鑒定
accusation *n.* 控告，起訴，告發；罪名；譴責
accuse *v.* 控訴，控告；指責，譴責
accuse sb. of a crime 控告某人有罪，加罪於某人
accuse falsely 誣告
Acknowledge *v.* 公證；承認；表示謝意；通知或涵覆已收到（信件）
acknowledg(e)ment *n.* 認領；承認；承認書；收條；領謝；自白
acquiesce *v.* 默許，默認，聽從
acquire *v.* 獲得，取得，使蒙受
acquired right 既得權利，得來權（指非由所有物本身而獲得的權利，而是由所有物以外得來的特許權等）
acquirer *n.* 轉得人，取得人，受讓人
acquisition *n.* 取得，獲得；獲得物；收購；學得
acquit *v.* 開釋，釋放，免（罪）；履行；償還
acquit sb. of a crime 宣判某人無罪
acquittal *n.* 宣告無罪；開釋（被判無罪釋放；申請赦免獲准釋放；在同一案件或以前曾被判開釋，或同一案件以前曾被定罪而又由法庭釋放，都叫做開釋。一事不再理；清償債務；履行職責

acquittance register 償債登記冊

acquitted *a.* 被宣告無罪的

acquitted of a charge 無罪釋放

act *n.* 行動，行為：法，法令，條例：法律：決議，決議書： 作用，效力

act of God 不可抗力：天災

acting in good faith 善意行為

action *n.* 訴訟，起訴權：行為，行動

action at law 法律訴訟：訴訟行為

action for damages 請求損害賠償的訴訟

actionable *a.* 可予以起訴的，可控告的

actual *a.* 實際的，現實的，事實上的

actual authority 實際權力

actual damage 實際損害

actual performance 實際履行

actual possession 實際占有，現實占有

actual value 實際價値

actus 訴訟，行為：法案：公證人：土地通行權

*actus inceptus, cujus perfectio pbndet ex voluntate partiuni, re- vocari potest; si autem pendet ex voluntate teriae personae, vet ex contingenti, revocari non potest. An act already begun, the completion of which depends on the will of the parties, may be revoked; but if it depends on the will of a third person, or on a con- tingency,it cannot be revoked. 依雙方當事人的意圖所實施的（法律）行為，雖然已關始，還可撤回：而依第三者意圖或依某意外事件而實施的（法律）行為則不能撤回。

A

*Actus judiciarus coram non- judice irritus habetur, de minis- teriali autem a quocunque pro venit ratum esto. A judical act by a judge without jurisdiction is void; but a ministerial act, from whomsoever proceeding, may be ratified. 法官的裁判行為無管轄權則無效；但程序上之行政行為可經認可而有效。

actus legitimus 合法行為

*actus me invito factus nonestmeus actus. An act done by me,against my will, is not my act. 違反自己意願所為的行為不是本人的行為。

*actus non facit reum, nisimens sit rca. AAn act does not make (the doer of it) guilty, unless the mind be guilty; unless the intention be criminal. 沒有犯罪意圖的行為不能構成犯罪。

actus reus 被告的行為，犯罪行為；犯罪意圖

ad 到，達，根據

ad hoc 特別，特定；臨時；特設；由於，考慮到（設置，以處理特定問題）

adaptation *n.* 適合，適應；修改

addendum *n.* 補遺，附件，附錄；附加物；追加

addition *n.* 追加；附加（物）；（加在姓名後的）頭銜，稱號；附錄，增補，補充，附件

additional *a.* 附加的，追加的；另外的，補充的

additional articles 附加條款，增訂條款

additional conditions 附加條件

address *n.* 地址；致辭；提出（申明、請願等）；（美）總統的國情咨文

adequate *a.* 勝任的；適當的；充分的

adequate cause 充分理由

adequate compensation 適當的補償

adequate consideration 適當的約因（又譯：適當的對價）

adhesion *n.* 附加（指未簽署國在條約生效前，得以表示接受該條約的各項原則而參加該條約）；參加；依附；固執

adhesion contract 定型化契約（舊譯：標準契約，附合契約，等；又稱「訂不訂由你的契約」，參見 take-it-or-leave-it contract 和 contract of adhesion，指一方權利受到一定限制而需依附對方意思表示的契約）

adjacent *a.* 鄰接的，相鄰的，附近的

adjourn *v.* 中止；延期；休會；休庭；延期審訊

adjourn a case 延期審理案

adjourned *a.* 延期的

adjudicate *v.* 判決，宣告；裁決，裁定

adjudication *a.* 宣示裁判（或法令），裁判（指由法庭作出或宣告一個判決或命令，也指判決本身），判決，判案，裁定；破產宣告，宣告

adjust *v.* 調整；調節；適應（to）；（保險業中）評定（賠償要求）；（海損）理贈，調停（糾紛）

administer *v.* 管理，掌管，管制，支配；施行，施實；管理遺產；使（某人宣誓）；幫

A

助

administration 管理經營，遺行政管理；行政機關，局，處；執行，實施；財產管理有財產的管理

administrative *a.* 行政的；管理的；遺產管理的

administrative court 行政法庭，行政法院

administrative law 行政法

administrative regulation(s) 行政法規

administrator *n.* 管理人；行政人員；（港務）監督員；遺產管理人

admissibility *n.* 可採納（性），（證據）可接受（性）；有資格加入

admissibility of evidence 證據的可接受性

admissible *a.* 可（獲得法庭）接受的；（證據）可接受的，可採納的；有權進入（某一位置、行業等）的

admission(s) *a.* 承認；招認；供認；允許進入，入場（許可），入境（許可）

admission to the bar 進入司法界；進入律師界

admit *v.* 承認；允許；可容下

adopt *v.* 收養；正式通過；採用採納

adult *n.* 成年人

adversary *n.* 對方當事人；對造；對手；敵手

adversary system 對抗制（又譯：當事人主義的或辯論式的訴訟制度，指英美法中的一種訴訟制度。這種制度允許雙方當事人為了獲得有利于自己的判決而進行辯論，法官只能就辯論範圍以第三者的姿態加以決斷。區別於大陸法國家審問式的訴訟制度）

adverse party 他方當事人，他造當事人

advertisement *n.* 廣告；公告；告示，通知

advice *n.* 通告；消息；勸告；意見；咨詢

advise *v.* 勸告；通知，告知；提出意見，作顧問；商量

adviser *n.* 顧問；勸告

advisory *a.* 勸告的，忠告的，咨詢的

advisory opinion 咨詢意見

advocate *n.* （出庭）辯護人；（法國，蘇格蘭等地的）律師；咨詢人；鼓吹者，提倡者

advocate *v.* 擁護；提倡

affidavit *n.* 口供書；宣誓書；具結書

affiliate *n.* 分公司，子公司，分支機構

affiliation *n.* 加入，加盟；私生子的父親認定；私生子女認領訴訟

affirm *v.* 證實（指立契約人對可撤銷的契約當作有效契約來遵守）；批准；斷言；確認；聲明；（上級法院）維持下級法院的判決；（不經宣誓而）提供正式證詞

affirm the orignal judg(e)ment 維持原則

affirmation *n.* 證實；批准；追認，確認；斷言，聲明；誓言，事實的陳述；不經宣誓而作的正式證詞

affirmative *a.* 確認的，證實的；肯定的，贊成的

aforementioned *a.* 前面提到過的，前述的

aforesaid *a.* 如上所述的，上面提到的

aforethought *a.* 預謀的，故意的

aforethought malice 惡意預謀（殺人罪之成立要件）

after *adv.* 在……之後

after the fact （犯罪）事後（參見 accessory after the fact）

against *prep.* 違反，反對，逆著；對（……發生法律關係），（狹義）對抗；與……對照），與……牴觸（衝突），與……不符（不一致）；防備；以……為背景；迎著（困難等）；憑……

against public interest 與公共利益牴觸

age *n.* 年齡；壽命；成年；老年；時代，時期；陳舊程席

age discrimination 年齡歧視

age of consent 同意年齡；（結婚等的）合法年齡；和姦年齡

agency *n.* 代理，代理關係；機構；經銷處；代理處；代理機構；代理權

agenda *n.* 議事日程；會議事項；備忘錄；行動計劃；藍圖，一覽表

agent *n.* 行為者，動作者；代代理商；原因，動因；總辦，總管；問諜，特務

agent provocateur 奸細，煽動份子

aggregate *a.* 合計的，總計的

aggressor *n.* 侵略者，攻擊者

aggrieved party 受害人（方），被害人（方）

agree *v.* 同意，贊成；認為無誤

agreement *n.* 協同行為；協定，協議；合議，合約；合同（契約）

aid *n.* 幫助，援助，教唆

aider *n.* 助手，幫手；輔助人

aider and abettor 共犯，幫凶

air *n.* 空氣；外觀；神態；天空

alien(s) *n.* 異國籍者，外國人，外僑

alien *a.* 外國的，異己的

alienable *a.* 可讓與的，可轉讓的

alimony *n.* （離婚後或訴訟期間一方給另一方的）扶養費，生活費，贍養費

*All man are equal before the law. 法律之前人人平等

allegation *n.* （訴訟一方對提不出證明的事項所作白的聲明，事實陳述，斷言；聲稱；辯解；引證；控告

allegation of fact 事實的陳述

allege *v.* 斷言，指稱（尤其在提不出證明的情況下）；指證；聲稱；主張；引例證明；（作為事實、理由、藉口、辯解）提出

alleged *a.* 提出而尚未證實的；聲稱的，宣稱的，被指稱的

allocate *v.* 分配，配給；撥款；分派；安置

allocation *n.* 撥款；分配，配給；分派；安置

allocation of risks 危險分擔

allotment *n.* 分配，配給；撥給；派定；撥款

allow *v.* 准許，容許；允許；承認，認為；給；酌量

alteration *a.* 更正，修改；變動，改變；修訂；變更

alteration of law 法律的修改

alternate *a.* 轉換的；交替的

alternative *a.* 在兩者中任擇其一的，選擇性的；交替的，替代的

ambiguity *n.* 意思含糊；模稜兩可

ambiguous *a.* 意思含糊的，模稜兩可的，曖昧的

A

amend *v.* （正式）修政（提案、議案等）；修正，修訂；改過自新

amendment *n.* 修正，修正案；（判決書本文的）修正；改正，變更

American Bar Association 美國律師協會

American Law Institute 美國法學會

amount *n.* 金額；數額

amount in dispute 有爭議的金額

analogy *n.* 類推，類似；比擬

analyse *v.* 分析

analysis *n.* 分析，化驗

ancillary *a.* 輔助的，附屬的；附加的

ancillary agreement 附屬協定

annex *n.* 附錄，附件；附屬建築物

annotated *a.* 註解的，註釋的

annotated code 註釋法典

announce *v.* 宣布，宣告

announcement *n.* 公布；宣告，通告，告示

annual *a.* 年度的

annual meeting 年會

annul *v.* 廢止，廢除，取消；宣告無效

annulment *n.* 廢止，廢除，取消；無效

annulment of law 法律的廢止

annulment of marriage （宣告）婚姻無效

answer *n.* 回答，答覆；答辯，抗辯，答辯狀；補償；報復

answer *v.* 回答，答複；答辯；符合；負責，抵償

antecedent *a.* 事前的，先前的，前提的

anticipate *v.* 期望；（採取措施來）防止；提前

anticipation *n.* 事前行為；（信託金的）預先分派，預支；預期，預料，佔先

anticipatory *a.* 預期著的；提早發生的；預期的；先發制人的

anticipatory breach 預期違約；事前違反

antitrust *a.* 反多拉斯的

apparent *a.* 明顯的，顯而易見的；外表上的

apparent authority 市場供應量

appeal *n.* 上訴狀；上訴；控訴；呼喚；號召力

appeal dismissed 駁回的上訴

appear *v.* （由本人或律師代理）出庭，到案；出現；被公開

appear before the court 出庭，到庭

appearance *n.* 外表，面貌；到場，出庭，到案，投案；應訴

appellant *n.* 上訴人

appellate *a.* 受理上訴的；上訴的，控訴的

appellate brief 上訴理由書；答辯狀

appellate court 上訴法院；受理上訴的法院

appendix *n.* 附錄，補償；附屬物；附件（在英國指按慣例，上訴到樞密院和上議院的上訴書所附的重要文件，如證據、法院判決等，統稱附件；指一般附近主見中的附屬文件。）

applicable *a.* 適用的，適應（當）的

applicable law 可適用的法律

applicant *n.* 投保人；申請人，請權人

application *n.* 應用，適用，選用；請求，申請；中請書；請訴書（在國際法庭前提起訴訟的形式之一）

A

appoint *v.* 派，派任，任命；指定，約定；命令；處置財產
apportionment *n.* 分派，分配，分攤；按比例分配；（美國眾議院等）議員人數的分配
appraisal *n.* 評價，估價；估計的價值，鑑定
appraise *v.* 估價；評價；議價，定價，鑑定
apprehend *v.* 理解，領悟；逮捕，羈押；扣押；料想；了解；憂慮
apprehension 逮捕，拘提；憂慮；恐懼
approbate *v.* 依法許可；核准；通過
appropriate *a.* 適當的；恰如其分的
appropriate *v.* 撥款，侵吞；盜用，竊取；挪用，佔用
appropriation *n.* 侵吞；盜用，挪用；佔用；撥款；撥歸……之用；分配
approval *n.* 認可，贊同；核准，批准；許可
approve *a.* 批准；核准；許可，贊成，同意
appurtenant *a.* 附屬的，從屬的
arbiter *n.* 仲裁人，公斷人
arbitrage *n.* 套利，套匯；仲裁，公斷
arbitral *a.* 可仲裁的；仲裁的，公斷的；仲裁人的，公斷人的
arbitral award 仲裁裁決；裁決書
arbitral tribunal 仲裁法庭，公斷法庭
arbitrary *a.* 擅自的，任意的；武斷的，強制的，強橫的
arbitrary arrest 擅自逮捕，非法逮捕
arbitrate *v.* 仲裁，公斷；交付仲裁，使聽任公斷
arbitration *n.* 仲裁，公斷；（通過第三方約束）解決爭端，（通過第三方按照法律規

定）解決爭端

arbitration agreement 仲裁協定，公斷（或仲裁）合同

arbitration award 仲裁裁決，仲裁裁決書，公斷書

arbitration clause 仲裁條款（指對由條約等的應用和解釋而引起的爭端，在條約等中規定通過仲裁解決的條款），公斷條款

arbitrator *n.* 仲裁人 公斷人

argue *v.* 爭辯，辯證，爭論；表明，證明，主張

argument *n.* 爭論，辯論；理由；憑證；論據；論點

arraign *v.* 傳訊，提審；控告；指責，責難

arraignment *n.* 提審，訊問，審問，傳喚，到庭答復控罪（指對被告審訊的一種程序，即把犯人帶到法官面前唱名之後，庭吏宣讀犯人被控罪狀，然後問犯人是否承認被檢控的罪名。犯人可承認控罪或不作回答）；彈劾；控告；指責；起訴書

arrest *n.* 逮捕，拘提，拘捕，扣留；阻止，抑制；中止

arrest warrant 逮捕證，拘提狀

arrest without a warrant 逮捕；擅自逮捕

arrest *v.* 逮捕，拘留，扣押，拘捕；阻止，抑制；中止

arrival *n.* 到達，來到；出現；到達者，到達物

arson *n.* 縱火（罪）；放火

article(s) *n.* 文章；（常用大寫，法律條款的）條，契約

A

articles of association　（法人社團的）章程，公司章程；組織規章

Articles of Confederiation　美利堅合眾國憲法；聯邦條例

articles of incorporation　公司（或團體）的組織章程

artificial　*a.*　人工的，人造的；人為的

ascertain　*v.*　查明，弄清；確定

ask　*v.*　詢問；要求，請求

assault　*n.*　侮辱，凌辱；害他人身體（罪）（依現行法，對他人身體使用武力或暴力，意圖傷害，即構成傷害罪或重傷罪）；毆打（罪）

assault　*v.*　攻擊，行凶，傷害，毆打

assault and battery　毆打（既遂）；強暴毆擊罪

assemble　*v.*　集合集會；調集；匯編

assembly　*n.*　集合，集會；（大寫）議會，（美）州議會的下院

assent　*n.*　同意，贊成；附和；認可，批准

assert　*v.*　宣稱，斷言；維護；堅持；主張

assert a claim　主張債權，提出要求（主張）

assertion　*n.*　宣稱，斷言；維護，堅持

assess　*v.*　確定（稅款、罰款）的金額；對（財產等）進行估價；審估；徵收（稅款、罰款）

assessment　*n.*　估價，評價；批評，評定；估價法（數），應繳額，應繳股價；確定數額；課稅評定；課稅

assets　*a.*　資產；財產，遺產；財富

assets and liabilities　資產和負債

assignable　*a.*　可轉讓的，可讓與的

assignable contract 可轉讓的契約

assigned *a.* 轉讓的；指定的

assigned claim 轉讓的債權

assignee of the claim 請求權的受讓人，債權受讓人

assigner (or) *n.* 讓與人，轉讓者；委託者，受託者

assignment *n.* （權力，財產）轉讓，讓與；分配；轉讓證書；委派，委託；指定，指派；指明；（理由、動機等的）陳述，說明

assignment of contract 契約轉讓

assignor *n.* 轉讓人，讓與人

assist *v.* 支持；援助，幫助

association *n.* 結社；協會，合夥；交際；聯合；社團法人

Association of American Law School 美國法（律）學院協會

assume *v.* 假定，假設；承擔，接受；採取，呈現（某種形式或面貌），帶有

assume obligation 擔負義務

assumption *n.* 假設，假定；擔任，承擔；採取；僭越

assumption of risk 自甘冒險；危險負擔；承擔風險

assurance *n.* 擔保，保證；確信；保險（尤指人壽保險）；承諾；財產轉讓（書）（指物品的讓與、轉讓或物品轉讓、讓與的契據）

at arm's length 疏遠，在不利條件下，無關聯（指甲乙雙方互不受列控制與支配， 兩無關聯）

at (the) discretion 隨意，任意；酌處
at issue 在爭論中，係爭點（指當事人對一案件進行辯論時所產生的一方肯定而另一方否定的論點)
at law 依法，根據法律；在法律上
attach *v.* 扣押；逮捕；拘提；查封；附加，隸屬
attainder *a.* （由於被判重刑所致之）褫奪公權
attempt *n.* 未遂罪；未遂行為；企圖
attempt to commit a crime 犯罪企圖
attend *v.* 出席，參加；照顧，護理；陪伴
attest *v.* 作證，證實，證明；使發誓
attesting witness 作證人，見證人，證明人
attorney *a.* 受任人，代辦人，代理人，受權人；（美）律師；檢察官
attorney general 首席檢察官，檢察長；（美，大寫）司法部長；(英，大寫）檢察總長；一般代理權
auction *n.* 拍賣
audit report 會計檢查報告，審計報告，查帳報告
audit *v.* 審計，審核；查帳；旁聽
audit the books 查帳
authentic *a.* 被認證的 確認的；可信白勺；有根據的
authentication of document 文件的認證
authenticity *n.* 可靠性，確實性，真實性以
author *a.* 作者，著作人；本人創始人；發起人
authoritative *a.* 官方的，當局的 命令式白

勺；可靠的

authoritative interpretation 有權威的解釋，有權解釋

authority *n.* 權力，權；職權，權限；代理權；（複數或加the）當局，官方；根據，憑據；權威言論（指在法律方面的主張、論斷，如司法判斷，著名法學家意見等，可引作法律根據的言論。）；判例，先例，許可，委託書

authorized capital 核定的資本，授權資本

autonomy *n.* 自治，自治權；自治團體；人身自由；自律

avail(s) *n.* 效用；幫助；利益，收益

available *a.* 可用的，中用的，可得到的，可達到的；可採用的，有效的

average *a.* 平均的；中等的；正常的；平常的；按海損估價的

average person 正常人；普通人

average quality 中等品質

avoid *v.* 避免，迴避，躲開；使無效，廢止，撤銷

avoidable *a.* 可作為無效的；可迴避的；可避免的

award *v.* 判給，裁定，判決；判斷，給與

B

bachelor *n.* 學士；單身漢
bad faith 欺騙；失信；惡意
bail out 保釋（被告）；委託（貨物）
bailiff *n.* 執達員；法警，法庭監守官于管理或監督財產者；（英）區鎮的地方長官
balance *n.* 平衡；差額；結存；均勢；餘額；尾數
balance sheet 資產負債表
ballot *n.* 選票；無記名投票；投票權；投票總數；（美）決定總統候選人的選舉；抽簽
ban *v.* 禁止，禁令，取締；咒詛
bank account 銀行帳戶，銀行存款
bank charter （美）（允許社團開辦）銀行業務的文件
bank deposit 銀行存款
Bank for International Settle-ment 國際清算銀行
bank guarantee 銀行擔保
banking law 銀行法
bankruptcy *n.* 破產；無支付能力；（名譽、智力等）完全喪失
bankruptcy proceedings 破產程序
banner 標，幟，旗幟
bar *n.* 法庭圍欄（指律師席，審判席，被告席）；法庭；律師業；律師界；司法界；停止訴訟的申請；阻礙，阻止
bar association 律師協會
bar examination 律師資格考試
bar *v.* 禁止，阻止（訴訟等）；取消，免除
bargain *n.* 買賣契約，成交條件；協議；廉價品

bargain *v.* 提出條件；議價；商定；訂約；談判

bargaining power 討價還價能力，議價能力

barrier *n.* 障礙，阻礙

barrister *n.* （英國有資格出席高等法庭的）律師，專門律師，大律師；（英）出庭律師

based on 以……為基礎；在……上，以……為依據

basic *a.* 基本的，根本的，基礎的

basis *n.* 基礎；準則，根據；主要成份；根據地

basis for an action 訴訟根據

battery *n.* 毆打，暴打

be admitted to the bar 取得律師資格

be charged with 負……責任；受……指控

be entitled to... 有資格或權利……

be responsible for 對……負責

be summoned as a witness 被傳喚作證

be under house arrest 被軟禁

bear *n.* 賣空，買空賣空（指賣空的證券交易投機商）

bear a loss 負擔損失

bearer paper 無記名票據

bearer securities 無記名證券

bearer share 無記名股票

bearer stock 無記名股票

beat *v.* 設法逃過；繞過；打敗，勝過；（毆）打；詐騙

become *v.* 成為，變為

become law 成為法律

begin *v.* 開始；著手

begin legal proceedings against... 對…起訴

bellum justum 正義戰爭

bench *n.* 法庭；（總稱）法官；推事席，法官職；（議院的）議席；特別席

bench trial 推事審判，推事審理（指事由推事審理民、刑案件，而不用陪審團）

bend *v.* 使彎曲；彎曲；屈從；致力於；擊

benefactor *n.* 捐贈人；贈送人

beneficial *a.* 有使用權的；有益的；受益的；有利益的；享受利益的

beneficial owner 受益權人，受益人

beneficiary *n.* 受益人；（國際匯兌的）收款人；信託受益人；享受保險賠償者；公費生

benefit *n.* 利益，權益；權利；福利；補助金

bequeath *v.* 遺贈（財產），遺留……給

bequest *n.* 遺贈，動產的遺贈；遺產

bet *n.* 賭注，打賭；賭資；賭品

betray *v.* 出賣，背叛；洩漏（機密）；誘姦（婦女）

betrayal *n.* 背叛；通敵；背信；密告

beyond *prep.* 超出；超越

beyond control 無法控制

beyond doubt 無容置疑（毋庸置疑）

beyond reasonable doubt 沒有合理懷疑

bias *n.* 偏見；不公正；成見

bicameral *a.* （議會分為）兩院制的

bicameral legislature 兩院制的立法機構

bicameral system 兩院制

bid *n.* 出價；喊價；投標

bid *v.* 出價；投標

bidder *n.* 競投人，投標人；出價

bigamy *n.* 重婚；重婚罪

bilateral *a.* 雙務的；雙向的，雙邊的，互惠的

bilateral agreement 雙邊協定，互惠協定

bilateral contract 雙務契約

bilateral trade 雙邊貿易，互惠貿易

bilateral treaty 雙邊條約，互惠條約

bill *n.* 起訴書，訴狀；法案，議案；票據，帳單，清單；涯票；擔保品收據；證書；（美）鈔票

bill of attainder 褫奪公權法案

bill of certiorari 要求（上級法院向下級法院）調取卷宗再審的訴狀（參見writ of certiorari）

Bill of Rights 〈英〉《權利法案》，《民權條例》（指1689年頒布的英國中產階級確立君主立憲制的憲法性文件之一）；（美）《人權法案》（指美國憲法的第一次修正案，1789年通過）

bill payable 應付票據

bill payable at sight 見票即付票據

bind *v.* 捆，綁；使受（法律、合同的）約束；具有約束力

binding *n.* 約束力；承擔義務

binding contract 附有義務的契約；有約束力的契約

binding enforceable contract 有約束力併可強制執行的契約

binding force 拘束力，約束力

binding precedent 有約束力的先例

binding on all parties 對全體當事人均有約束

B

力

biological *a.* 生物學上（的），生態學的

biological parents 生父母

biological weapons 生物武器

birth *n.* 出生，出身；血統；起源

blackmail *n.* 敲詐；勒索，恐嚇取財（罪）

blank *a.* 空白的；完全的

blasphemy *n.* 冒瀆罪；侮辱；褻瀆

bloc voting 集團投票

blockade *n.* 封鎖，堵塞；阻斷

blood lineage 血統

blue collar 藍領階級的，工人階級的

blue collar workers 藍領工人

blue sky Law （美）禁止無信用證券交易的法律

board *n.* 委員會；局；機構

board of directors 董事會，理事

board of governors 校董會；理事

board of supervisors 監督委員會

board of trustees 信託委員會；監理委員會

bodily *a.* 身體的，肉體的

bodily injury 身體傷害

body *n.* 人，身體；屍體；身分；本體；團體；機關

bodily harm 身體傷害

bona 善良，真誠

bona fide 真實的；有誠意的

bona fide claim 善意要求；真誠要求

bona fide purchaser 善意買主

bona fide 善意；真誠

bona fides third party 善意第三人

bond *n.* 契約，契約所規定的義務；同盟，盟約；公潰，債券，證券；保證書，保證人，保證金，保單；保稅倉庫；銬；監禁，約束

bond certificate 債券

bond holder 公債債權人，債券持有人

bond notes 債券式票據，債券證明書

bonus *n.* 紅利；獎金；額外分紅；特別津貼

bonus system 分紅制；獎金制度

book *n.* 書籍；支票；帳簿；登記冊

book account 帳簿

border *n.* 邊界，邊境；國界，國境

border tax 國境稅，邊境稅

born in (lawful) wedlock 婚生的

borne out of wedlock 非婚生的

borrow *n.* 借入；借用；剽竊

borrower *n.* 借款人，借用人；剽竊者

both *pron.* 兩者；兩人，雙方

both parties in a lawsuit 訴訟雙方當事人

bound *a.* 負有責任的，有義務的；（道德上，法律上）受到約束的，有約束的

bound by law 受法律約束

bound by precedent 受先例約束

boundary *n.* 聯合抵制（某國、某國貨物）；聯合排斥；（舊譯：杯葛）

boycott *n.* 聯合抵制（某國、某國貨物）；聯合排斥；（舊譯：杯葛）

branch *n.* 分行；分庭；分支機構；部門

brand name 商標名稱

breach *n.* 破壞；違反，不履行；破裂，缺口，裂口；不和

breach before performance is due 期前違約
breach of agreement 違反協約
breach of condition 違反（契約）要件
breach of contract 違約，違反契約
breach of duty 失職
breach of international law 違反國際法
breach of law 違法，不法行為
breach of warranty 違反保證義務
break into 破門而入
break the chain of causation 因果關係中斷
bribe *a.* 賄賂，賄賂物
bribe *v.* 行賄，收買
bribery 行賄，受賄，賄賂
brief *n.* 摘要；訓令；（律師）答辯狀；訴訟事實要旨；訴訟要件；（英）（向辯護律師所作的）指示要點
brief *v.* 摘要，向（律師）提供案情摘要；委託辯護；聘請（律師）
bring *v.* 產生，引起，導致；提出（證據等），提起（訴訟）
bring a case before the court 將案件交法院審理
bring a charge against sb. 控告某人；指控某人
bring a suit against sb. 控告某人
bring an action against sb. 起訴，對某人提起控訴
British Commonwealth of Nations 大英帝國聯邦
broad *a.* 寬闊的，廣大的，遼闊的
brokerage (brocage, brokage) *n.* 經紀業；經

紀手續費，佣金

bubble *n.* 妄想；騙局；泡沫

budget *n.* 預算；預算案；預算書

building *n.* 營造，建築；建築物

bulk *n.* 大量，散裝貨，大宗

burden *n.* 負擔，義務；（舉證）責任；載重，負荷

burden of persuation 證明的責任

burden of pleading （訴訟）答辯的責任，訴訟主張的責任

burden of producing evidence 舉證的責任

burden of proof 舉證責任（指有必要對有爭執的事實加以肯定的證明的責任）

burden of rebuttal 舉反證的責任

burdensome *a.* 難於負擔的，壓抑的；累贅的，困難的

burglar *n.* 夜盜；竊賊，盜竊者；入屋行竊者

burglary *n.* 夜盜行為；夜間入屋竊盜罪；竊盜；侵入住宅罪

business *n.* 商業；生意；營業；事務，業務

business administration 商業行政；商業管理；企業管理

business law 商業法，公司法

business management 商業管理

business operations 經營

business permit 營業許可證

business practice 商業慣例

business reputation 商業信譽

business secret 商業機密

business transaction 商業交易

buy *v.* 買；賄賂，行賄

buyer *n.* 買受人，買方，買主；認購者

"by a preponderance of evidence" in civil cases 民事案件中「占有優勢證據」的法則

by applying mutatis mutandis 比照……的規定

by authority of law 依法律效力

by birth 在血統上，生來，天生地

by inference 根據推理，推論

by operation of law 依法

by way of 經由；通過……方法；為了，以求；處於……狀態；行將；意在；當作

by (e)-laws *n.* 細則；章程；條例

bystander *n.* 候補陪審員；旁觀者

C

calamity *n.* 不幸事件；災難，災害，禍息

calculated *a.* 計劃中的；有意的，故意的，有目的的；適合的

calculated crime 故意犯罪；預謀犯罪

call option （在契約期限內）按議定價購買股份權；購買選擇權（指在契約規定的期限內有決定提出是否要求交貨的選擇權）

call *v.* 召集，傳喚；請求，要求；徵收，任命；停靠，停泊

cancel *v.* 取消；把……作廢；撤銷，解除；抵償

cancellation *n.* 取消，作廢；廢除，解除

cancellation of contract 解除契約

canon law 寺院法，教會法規

capable *a.* 有能力的，有資格的；有才能的

capacity *n.* 權能，行為能力；資格，身分；能力，才能

capacity to be a party 當事人能力，當事人適格

capacity to contract 訂約能力，訂約資格

capital *n.* 資方；資本；股本；資金；首都；首府

capital crime 死（刑）罪

capital formation 資本形成

capital gains tax 資本利得稅

capital offence 可以處死的罪行，死罪

capital punishment 死刑，（英）絞刑（英國1965年的謀殺法雖把死刑廢除，但叛逆罪，暴力海盜罪和放火焚燒皇家艦艇罪仍可處絞刑）

capital revenue 資本收益

capital stock 股本，資本總額；股份總額
capital stock authorized 授權資股
capital stock certificate (certificate of stock) 股票
capital stock preferred 優先股
capital subscription 認購股
capital transfer 資本轉移
capital value 資本價值
capitalist *n.* 資本家；資本集中論者
capitalist *a.* 資本主義的；有資本的；資本家的
capitalist system 資本主義制度
car accident 車禍
car insurance 汽車保險
care *n.* 謹慎，小心；照顧，照料，看護；管理，監督
career *n.* 職業，專業；履歷經歷；發展；飛跑
carriage *n.* 運送業，運輸，運送，載運；運費
carrier *n.* 運送人；運輸行業，搬運人，貨架
carrier's liability insurance 運送人責任保險
carry out 貫徹，執行，實施，進行，實現
cartel *n.* （戰時交換戰俘或被俘船隻）協約書；卡特爾（聯合企業）
case *n.* 情況，狀況；實例，實例事實，實情；案情，案件；訴訟；判例；供詞；證據和爭論
case for the defendant 有利於被告的案情
case law 判例法（亦稱法官制定法），案例法
case on appeal 上訴案件

C

case study 案例研究
case under dispute 有爭議案件
cash *n.* 現金
cash compensation 現金賠償
cash flow 現金流出量
cash payment 現付，現金支付
cast *v.* 投（票）；使敗訴，駁回（上訴人之上訴）；解雇，辭退；圖謀，籌劃，打算
casualty *n.* 意外；嚴重傷亡事故，事故中傷亡的人員（或損害的物品）；受害者，橫禍
casualty insurance （美）意外保險
cattle *n.* 家畜
causa *n.* 理由，原因；條件；起因，動機
causa proxima 近因，直接原因
causa remota 遠因
causa sine qua non 不可缺少的原因，不可缺少的條件
causal *a.* 因果的，原因的，構成原因的
causal relationship 因果關係
causation *n.* 因果律；原因作用；因果關係
cause *n.* 訴因，案件，訴訟；起因，理由，緣故；原因，起因，理由，緣故；事業，目標
cause of a crime 犯罪原因
cause of action 案由；訴訟理由，訴訟原因，訴因
caution *n.* 警告，警誡，提醒；小心，謹慎；擔保，保證
caution *v.* 警告，告誡，（警察在錄取案件有關人員供詞前所作的）提醒（參見cautioned statement）

cautionary *a.* 警告的，警戒的；注意的；擔保的

caveat emptor 購者當心！（貨物出門，概不退換）

cease *n.* 停止，中止

cease and desist order 禁止命令（指行政機關或法院向個人或企業發出不再繼續進行某一特定行為的命令，如聯邦貿易委員會用此命令來制止濫作廣告或錯誤使用商標的行為等）

censure *v.* 指責，非難，苛評

center (centre) *n.* 中心，中心區，中央；（議會中的）中間派；場；站

central *a.* 中心的，中央的

centralized *a.* 集中的；中央集權的

certain *a.* 確鑿的，無疑的；可靠的

certainty *n.* 確定，肯定，必然的事，毫無疑問的事

certifiable *a.* 可保證的，可證明的

certificate *n.* 證明書，執照；證券，股票；單據，憑單

certificate of incorporation 法人設立許可證

certificate of origin 原產地證明書

certificate of registration 登記證書，註冊證書

certification *n.* 保證；證明，證明書；確認，檢定

certification by a notary 公證

certified *a.* 被證明的；有保證的

certified accountant 檢定合格會計師

certified copy 簽證副本，證明文件

certified public accountant 持有執照的正式會

計師

certified signature 經驗證的簽名

certify *v.* 保證，證明；（美）擔保付款

certiorari （上級法院向下級法院 ）訴訟文件移送命令（參見writ of certiorari）

C

cessation *n.* 中止，中斷，停止

chain(s) *a.* 鏈子；鏈條，連續；（複）牽絆，拘束；連鎖經營

chain(s) of causation 因果牽連

chain(s) store 聯鎖商店（指由一個公司所經營的許多商號中之一）

chair *n.* 坐位；議長；會長；主席；（美）證人席；（美）電椅

chair *v.* 主持會議；任（會議）主使入座

chairman *n.* 主席，議長，委員長，會長

chairman of board of directors 董事長

challenge *n.* 挑戰，異議；（對某一表決或某人投票資格表示的）質問；懷疑；迴避（指要求陪審員迦避）

challenge witness 迴避證人

challenge *v.* 挑戰；反對；提出異議；拒絕，迴避

challenge the constitutionality of a law 對一項法律的合憲性提出質問

chamber *n.* （立法或司法機關的）會議室，會議廳；會館；推事室（指推事的私人辦公室或房間）；議院；（複）律師事務室

chamber of commerce 商會

champerty (champarty) *n.* 包攬訴訟（出錢或出力幫人訟訴，勝訴後分得利益）包攬訴訟罪

chancellor *n.* （英）司法官；（美）衡平法院大法官；法院的首席法官；大法官；（大使館等的）參事；總理；名譽校長；大臣

chancellor of the Exchequer （英）財政大臣（在英國指從前的衡平法院的法官，現為管理財政的大臣，亦是內閣部長）

chancery *n.* 英國大法官法庭（今屬高等法院一部）；（美）（處理普通法不能解決的案件的）衡平法院，衡平法；檔案館；大臣（總理、大使等的）辦事處；樞密院

change *n.* 改變，變更，更改，兌換車，換車，換衣服

change of circumstances 環境變遷

change of venue 移送管轄

chapter *n.* 章節；分社，分會；話題

character *a.* 名聲；人格；性格，特性，性質；人物；特徵

characteristic *n.* 特性，特徵

charge *a.* 起訴，控告；抵押；索價；委託；費用；指示，指令；負責；突擊

charge′ d'affaires 代辦；代理大使、代理公使

charge *v.* 控告；授權，索價；指示；委託；負責；收費；突擊

charge with 指控……為；委以

charge with murder 控告（某人）犯謀殺罪

charitable *a.* 慈善的；慷慨的；寬恕的

charitable bequest 慈善捐款

charitable group 慈善機構

charitable institution 慈善機關

charitable organization 慈善組織

charitable trusts 公益信託，慈善信託

C

charity *n.* 寬大，寬恕；慈善機關，養幼院；救濟物，施捨物；慈善捐款

charter *n.* 特許狀，證書；執照；（地方政府的）規章；（法人的）章程；（國際組織）憲章；特權，豁免權；傭船契約，契約書；傭船，包租

charter freight 傭船運費

chattel(s) *n.* 物，（一件）動產，有形財產（又譯：有體財產）

check(s) *n.* （美）支票〔一（英）cheque〕；帳單；檢查，檢驗，核對無誤；控制，制止

check(s) and balance 三權分立（指政府機關之間的相互制衡）

check *v.* 核對，檢查；制止；（美）簽發支票

checking account （美）活期存款

cheque *n.* （英）支票（參見check）

cheque book （英）支票簿

cheque payable to order 記名支票

chief *n.* 領袖，首領，頭子；族長，長官

chief *a.* 主要的，首要的，第一位的；首席的

chief executive （行政部門）主管人，行政首長（在美國指總統、州長、市長等）

chief justice 審判長，庭長，法院院長；（美）（大寫）大法官，最高法院院長

child *n.* 子女，幼年，少年

child abuse 虐待兒童（指對兒童的虐待，摧殘，侮辱，而殘害他們身心健康的不法行為）

Chinese legal system 中華民國法律體系

Chinese-foreign joint venture 中外合資經營企業

choice *n.* 選擇；被選的人或物；撰擇的機會與權利

choice of forum 法庭的選擇

choice of law （適用）法律的選擇

chose *n.* 所有物；動產，物

circuit *n.* 巡迴審判；巡迴律師會；巡迴審判區；巡迴法庭

circuit court 巡迴法院，巡迴法庭

circumstance(s) *n.* 事件，事項；詳細情節；情況，環境

circumstantial evidence 情況證據（指案件發生時周圍事物所構成的證據，又稱間接證據）

cite *v.* 傳喚；引證，引用；表揚，列舉

citizen *n.* 公民；國民，市民

citizenship *n.* 公民權；公民資格，公民身分；國籍

citizenship by birth 根據出生地取得的國籍（或公民資格）

citizenship by naturalization 因歸化而取得的國籍（或公民資格）

city council 市議會

city councilor 市議員

civic *a.* 公民的，市民的；公民資格的；市的

civil *a.* 公民的，國民的，民用的；國內的，民間的；民事的；根據民法的，法律規定的；文職的；文明的

civic action 民事訴訟

civil case 民事案件；民事訴訟

C

civil code 民法典

civil court 民事法院，民事審判庭，民事法庭（簡稱民庭）

civil law 民法；（大寫）羅馬法；（羅馬法系）大陸法系國家的法律制度

civil lawsuit 民事訴訟

civil liability 民事責任

civil procedure law (or act) 民事訴訟法

civil proceedings (or procedure) 民訴訟程序，民事訴訟

civil process 民事訴訟（程序）

civil right 民權

civil servant 文職人員

civil suit 民事訴訟

civil war 內戰

civil wrong 民事不法行為

civilization 文明；文化；文明國家的總稱；教化

claim for compensation 請求損害賠償

claim *v.* 要求，請求，索取；聲稱；主張；認領

claimant *n.* 原告；索賠人；認領人；提出要求者；請求人；債權人

class *n.* 階級；集團；等級；種類；斑；部門

class action （美）集體訴訟（這是為處於同樣處境而利益相關的一群人所提供的一種訴訟手段，利用這種手段，只需由其中一個或一個以上的人作為代表，進行起訴或應訴，毋需每個成員都參加的訴訟）

classification *n.* 類別；分類法；船級；類

型；等級

classified *a.* 分類的；機密的，保密的

classified document 機密文件

classified information 機密資料；機密情報

clause *n.* 條款；項目；款項

clause of constitution 憲法條款

clause of contract 契約條款

clause of statute 法規條款

clause of treaty 條約條款

clausula rebus sic stantibus 情勢不變條款

clean *a.* 乾淨的；健康的；健全的；無瑕疵的；正直的；端正的

clean hands doctrine 根據「清白」原則（這是衡平法的一個原則，即需要求得衡平法上救濟的當事人，自己必須清白無瑕。）

clean slate principle （國際法上）白紙主義（又譯：白板原則，指不受義務、口約等所拘束的主張）

clear *a.* 無罪的；清白的；純粹的；無疑的；確實的；明確的；明顯的；暢通的

clear evidence 明顯的證據

clear proof 確證

clearing house 票據交換所

clerical *a.* 書寫的，書記的

clerical error 書寫錯誤，筆誤

clerk 秘書，書記官；職員，辦事員；（美）店員；牧師，教士

client *n.* 當事人；（訴訟）委託人；顧客；事主

close *v.* 終結，結束，結（案），結清（帳目）；締結，訂，定；靠近，（船）靠岸

close corporation 股份不公開公司（即不公開募股的公司）

close relative 近親屬

closing *n.* 終止，結尾；封閉，閉鎖；締結；結合；決算

closing argument 辯論終結

closing date 截止（收貨）日期

closing statement 最後陳述

co-defendant *n.* 共同被告（人）（可用於民事或刑事）

coalition *n.* 聯合，聯盟

coast *n.* 海岸，海濱地區；（The Coast）（美國）西海岸

code *n.* 法典，法規，法；準，則，標準；密碼，代號

Code Civil 《拿破崙民法典》（即1804年頒布的法國民法典）

code of civil procedure 民事訴訟法

code of conduct *n.* 行為準則，行為規範

code of criminal procedure 刑事訴訟法

code of ethics 道德準則，道德規範

code of international conduct 國際行為準則，國際行為規範

code of professional ethics 職業道德準則（或規範）

codefendant *n.* 共同被告

codification 法典編纂

codified law 成文法律

codify *v.* 使成文法化；編成法典，編纂；整理

coerce *v.* 強制，強迫，脅迫，迫使

coercion *a.* 強迫，強制；高壓統治；壓制；壓迫；威迫
coercive *a.* 強制的，強迫的，強行的
cogent *a.* 有說服力的，無法反駁的
cohabit *v.* 同居
collateral *n.* 旁系親屬；抵押品，擔保品
collateral *a.* 旁系的；附加的；附屬的
collateral claim 從權利
collateral security 附加擔保物；副擔保，從保證
collateral term 附屬條款
collection *n.* 徵收，收集；募捐；記收
collective *a.* 集體的，共同的；集團的
collective bargaining （僱用者和被僱用者的集體代表就工資、工時和僱用條件所進行的）集體談判
collision *n.* 衝突；相撞；碰撞；撞到
collude *v.* 共謀，勾結，串騙
collusion *n.* 共謀；勾結；串通；串騙
collusive *a.* 共謀的；勾結的，串通的
collusive action 共謀行動
colony *n.* 殖民，殖民地；僑民；僑居地
colo(u) r of office 權限假託；利用職權
combination 合併；聯合；結合
come *v.* 導致，引起；發生；形成；遭遇；發現
come into effect 生效
come into force 生效；
comity *n.* 禮讓；友誼
command *n.* 指揮（權），控制（權）；命令

C

commence *v.* 開始；得到學位

commencement *n.* 開始（實施）；（大學）畢業典禮

comment *v.* 評論；批評；註釋

commentary *n.* 註釋，評註；評論

commerce *n.* 商業，貿易；社交；性交

commercial *a.* 商業的；商務的；商事的

commercial court 商事法庭

commercial dispute 商業糾紛

commercial law 商事法，商法

commercial paper 商業票據

commercial transaction 商務往來

commission *n.* 授權，委任，代辦，代理權；委託書；委員會；調查團；佣金，回扣，手續費（指代理人的酬金）；犯（罪）；行為；作為；委任狀；委任職權

commission *v.* 授權；委任；委託；任命

commit *v.* 犯（錯誤，罪），做（壞事、傻事）；把…交託給；把…判處，提審；收押；收容

commit acts of violence (= to resort to violence) 訴諸武力

commit an offence 作案，犯罪

commit suicide 自殺

commitment *n.* 行為，犯罪； 委任；委託；監禁，羈押，禁閉；約束，約定，許諾

committee *n.* 委員會；監護人；受託人

committee of foreign affairs 外交委員會

commodity 日用品

commodity tax 貨物稅

common *a.* 普通的；一般的；共同的；公共

的；低劣的；合約的

common carrier 運輸業者（公司）

common court 普通法院，普通法庭

common defence 共同防衛

common interest 公益

common law 普通法（又譯：習慣法、不成文法。指只是以年代久遠的習慣和慣例和法院判決和裁定作為其先例和法律淵源的一種法律。）

Common Market （歐洲經濟）共同市場（即：歐洲經濟共同體）

common right 普通權利；共有權

common stock 普通股（份）

common-law remedy 普通（習慣）法上的補償

communicable disease 傳染病

communicate *v.* 傳達，傳送；通訊；感染

communication *n.* 通信，通訊；傳達；交換；交往；交通，交通工具

communication of the offer 要約的通知

communist *a.* 共產主義的，共產黨的

communist system 共產主義制度

community *n.* 獨立社會，團體；公眾；共有，共同性，一致；居民區，社區

community service 社會服務

commutable *a.* 可取代的

commute *v.* 用……交換；補償；減刑；變換

company 公司，商號；同伴，海員全體

company act 公司法

company promotor 公司發起人

comparative *a.* 比較的；對比的

comparative law 比較法

C

comparative negligence 比較過失論（主張對訴訟雙方的過失行為在程度上加以比較，以確定哪一方比較輕微、一般或嚴重）；相對過失

compel *v.* 強迫，逼迫；強迫 順從

compensate *v.* 賠償，補償；報酬

compensation *n.* 補償，陪償；報酬，賠償金

compensation for damages 損害賠償，損失賠償

compensation for loss or damage 賠償損失

compensatory *a.* 賠償的，補償的；報酬的

compensatory damages 應予以補償的損害

competence *n.* 管轄權；權限，權能；資產；資格

competent *a.* 有權能的，有法定資格的，主管的；有能力的，能勝算的；被許可的

competent authority 主管當局；主管機關

competent court 管轄法院

competition *a.* 競爭；角逐；比賽

competitive *a.* 競爭的，比賽的

competitor *n.* 競爭者；角逐者；對手

complain *v.* 申訴，控訴，控告；訴苦；疾病

complainant *n.* 原告；告訴人；控訴人員（同plaintiff）

complaint *n.* 抱怨，叫屈；起訴（用於民事訴訟，如向法院起訴，請求被告為一定之給付；告訴，告發用於刑事訴訟，與起訴不同）；控告；（美）－常用於民事訴訟中原告方面的）起訴；（民事訴訟中原告的）訴狀或起訴書；申訴

complementary *a.* 補充的；補足的；互相依賴的

complete *v.* 完成，結束；履行，執行；使完滿

completed *a.* 完成的，結束的

completion *n.* 實現；完成；完成交易

comply *v.* 遵守，承諾，照做，同意

component *n.* 構成要件；成分，部分

comprehensive *a.* 包含的；包括的；綜合（性）的；有理解力的

compromise *n.* 妥協，折衷，和解，訴訟上和解（指訴訟開始後，雙方當事人自願讓步，解決糾紛或調解爭議數額，放棄訴訟）；公斷條約；仲裁協定

compromise *v.* 妥協，讓步，和解；連累，危害，損壞（名譽等）；使受嫌疑

comptroller *n.* 審計官，主計官；會計檢查員（指代人管理和查核帳務的人）

compulsion *n.* 強迫，強制；衝動

compulsive *a.* 強迫的；有強制力的；禁不住的

compulsory *a.* 強制的；強迫的；義務的；

compulsory arbitration 強制（性）仲裁（或公斷）

compulsory jurisdiction 強制管轄權

compulsory winding up 強制結束營業；（強制公司）解散

compulsory winding up by the court 由法院裁定的強制（公司）解散

computation *n.* 計算；估計

computed price 估算價

conceal *v.* 隱瞞；隱匿；保守秘密
concealment *n.* 隱匿，隱瞞；隱藏；隱蔽
concealment and nondisclosure 隱匿事實，隱瞞事實
concealment of known defect 隱瞞已知瑕疵
concept *n.* 概念，觀念；思想
concerning 關於
concerted *a.* 一致的，協力的；共同的；預定的
concerted action 一致行動，協力行動
concerted effort 一致努力；協同努力
concession *n.* 特許，特許權；租讓；租界；讓與，讓步
concessional *a.* 讓步的；特許的；優惠的
conciliate *v.* 調解；安撫，撫慰
conciliation *v.* 和解；調解
conciliation committee 調解委員會
conclude *v.* 結束；終結；推斷，斷定，作結論；締結，訂立
conclude a peace treaty 訂立和約
conclude a treaty with 與……訂立條約
conclusion *n.* 締結；結論；推論；完成，結束，終了；結案
conclusive *a.* 決定性的；不容置疑的；確實的
conclusive evidence *a.* 決定性證據
conclusive proof 確證
concordat *n.* 合同（契約）；教廷條約（羅馬教堂與一國君主或政府間就宗教事務簽訂的條約）；協約
concrete *a.* 具體的，有形的；凝固的

concur *v.* 同時發生，併發；同意，一致，贊成；互助

concurrent *a.* 兼任的；同時的；有同等裁判權的；共存的

concurrent conditions 同時履行的

concurrent jurisdiction 共同管轄（權）；併存審判籍（指幾個不同的法院都有權審理同一性質的案件，原告可任意選擇向其中之一法院提出控告）

concurrent negligence 共同過失

concurrent powers 共同權力，一致的權力

concurring *a.* 贊同的，贊成的；併發的

concurring opinion （判決中的）相同意見（指一個或少數法官所提出的意見，它贊同法庭的判決，但有自己的不同於法庭多數成員對判決所持的理由）

condemn *v.* 定罪；判刑；宣告（某人）有罪；判（某人）刑；譴責；（美）土地徵收

condition *n.* 條件，要件；狀況，狀態；（複）環境，形勢；條款；地位，身份

condition of validity 有效條件

condition precedent 停止條件

condition resolutive 解除條件（同condition subsequent）

condition subsequent 解除條件

conditional *a.* 附條件的；有限制的；受條件限制的

conditional acceptance 附條件的承兌

conditional agreement 附條件的協定

conditional obligation 附條件的債務

conduct *n.* 實施；處理；進行；行為，舉

動；品格，操行

conduct *v.* 實施；處理；指揮；引導；經營；進行

confer *v.* 授與；賜與；給予；商量，商議；談判

C

conference *n.* 討論，會談；討論會；（正式）會議；協商會；（美）聯合會；（律師間對案件）討論會；（各國行駛同一航線的）船舶公司公會

conference agenda 會議議程

confess (oneself) to be guilty 認罪

confession *n.* 自白，招供，自認有罪（尤指被告的人自認有罪，如果認罪確屬自願，法庭可接受它作為證據）；供認；告解

confidence *n.* 信任，信賴；自信，信心，確信

confidential *a.* 機密的，秘密的；參予機密的；取得信任的，心腹的

confidential communication 秘密通訊的特權（指訴訟當事人和師律之間凡與訴訟進行有關的書面或口頭的通訊，有特權不在法庭上公開）

confidential document 機密文件

confidential information 機密情報

confine *v.* 監禁；限制，控制

confined *a.* 有限的；狹窄的

confinement *n.* 監禁；限制；拘留

confine *n.* （常用複）界限；範圍，區域；邊界

confirm *v.* 使（權力）鞏固，使堅定；使有效，批准，認可；確認……有效；確定，證

實

confirmation *n.* 確認，證實；認可，批准

confiscate *v.* 沒收，查抄；徵用；充公

confiscated goods 沒收的貨物

conflict *n.* 衝突；牴觸，爭論的

conflict of interest 利益衝突（用於損害他人利益方可獲得私利或執行公務者利用執行公務而獲取私利的情況）

conflict of jurisdiction 管轄權的衝突（參看 conflict of laws）

conflict of laws 法律上的衝突，（統稱）衝突法（又譯：國際私法，因為衝突法主要是解決對私人之間關係的不同國家的不同法律規定的衝突，包括管轄權的衝突。）

conflict (of) rules （解決國際法上法律衝突的）衝突法規

conform *v.* （使）一致，（使）符合；（使）遵照，（使）遵奉

confront *v.* 對證，使對質；比較

confront the accused with the accuser 使被告與原告對質

confuse *v.* 混淆

confusion *n.* 混亂，紊亂，騷亂；混淆

conglomerate *n.* 密集體（如人群，房屋等）；（多種行業的、企業的）聯合大企業

congregation *n.* 集會；人群；（天主教的）紅衣主教會議

congress *n.* 代表大會，大會；議；委員會；（大寫）（美）國會

congressional *a.* 代表大會的，大會的；議會的；委員會的；（美）國會的

congressman *n.* 國員（尤指美眾議院議員）
conjugal *a.* 結婚的，配偶的
connecting factor 連接因素
connection (connexion) *n.* 關係；關連
conscience *n.* 良心，道德感，正義感
consecutive *a.* 繼續的，連續的；依次的
consensual *a.* 一致的；合意的
consensus *n.* 協議；共同意見，一般意見；意見的一致
consent *n.* 同意，贊成；答應
consent in writing 書面同意
consequence *n.* 結果，後果；推斷，診斷；重要，重要性，重要地位
consequential *a.* 結果的，相應而生的；接著發生的；推診（斷）的；間接的；重要的
consequential damages 間接損害（失），後果的損害
consequential loss 間接損失
conservation *n.* 保存；保護
consider *v.* 考慮；認為
consideration *n.* 考慮，思考；報酬，禮償；約因，對價；審議；體諒
consolation *n.* 安慰，慰問
consolidate *v.* 鞏固，加強；聯合，合併；併案辦理，同時審判
consolidated *a.* 鞏固的；合併的
consolidated balance sheet 綜合資產負債表
consolidation *n.* 合併；鞏固；整理（債務，土地，公司等）
consolidation and merger 合併與合營
consortium *n.* 配偶的權利（指夫妻有相伴，

相愛，相助，同居等權利，叫配偶權利）；國際財團；合股，合夥；（銀行、企業等的）國際性協議

conspiracy *n.* 陰謀，通謀，共謀，同謀

conspiracy at common law 普通法上的同謀罪

constant *a.* 經常的，不變的

constituency *n.* 選區；全體選民；選區内的選民

constituent *a.* 組成的，形成的；有選舉權的；有憲法制定權（或修改權）的；有任命權的

constitute *v.* 組成，構成；任命，選定；制定（法律時）

constituted *a.* 設立的，制定的

constitution *n.* 設立，制定；任命；組成，構造，構成；章程，法規；憲法；政體

constitutional *a.* 符合憲法的，符合規章的；合憲性；憲法所規定的，案法的；擁護憲法的

constitutional amendment 憲法修正案

constitutional and unconstitutional 合憲的和違憲的

constitutional freedom 憲法上（規定）的（人民）自由

constitutional law 憲法；符合憲法的法律，憲政法規，（英）憲法律例（指英國法中一切規範，無論是直接或間接對君主的權力的實施和應用產生效能的都叫憲法律例，如關於立法、行政、司法等的法律，均屬憲法律例）

constitutional right 憲法權利（指憲法上規定

的人民權利）

constitutive *a.* 有創設權的，有制定權的；組成的，基本的，構成的

constraint *n.* 強迫，拘束；拘禁；拘束或限制的事物

C

construction *n.* 建築，建設；結構，構成；解釋；法律解釋

constructive *a.* 推定的；解釋的；建設性的

constructive possession 推定占有

construe *v.* 分析；解釋；推斷；視為；翻譯

consul *n.* 領事；（古羅馬）執政官；（1799-1804，法國）三執政官之一；執政官

consulate *n.* 領事館；領事的職位或任期；（the Consulate）（1799-1804法國的）執政府

consult *n.* 商量，協商；諮詢（尤指向律師請教等）；法院（對於特殊案件）的見解或主張；查閱（書籍）

consumer *n.* 用戶；消費者

consumer goods 消費物資，消費品，生活資料

consumer price index 消費品物價指數

consumer protection 消費者保護

consummate *v.* 完成；使完善；完婚；圓房

consumption *n.* 消費，消耗

container *n.* 貨櫃；容器

containment *n.* 抑制，牽制，遏制

contaminant *n.* 污染物，食品污染物

contaminated zone 污染區

contamination *n.* （貨物運輸過程中的）沾染，污染

contemplation *n.* 默察，意圖；期待

contempt *n.* 藐視；侮辱；輕視

contention *n.* 爭論點，爭執點，爭論

contentious *a.* 訴訟的；爭執的；引起爭論的

contest *n.* 爭辦；競選，比賽，爭奪

contest *v.* 爭訟；爭論，比賽，爭奪

continental *a.* 大陸的，大陸性的

contingent fee 成功酬金（如勝訴後付給律師的酬金）

continuing *a.* 繼續的，連續的， 持續的

continuous *a.* 繼續的；連續的

contra *n.* 相反，相對；反對；相反的事物

contraceptive *n.* 避孕藥物；避孕用具；避孕

contraceptive device 避孕器，受孕工具。契約，契約法

contract *n.* 契約，契約法

contract for the supply of necessary goods 供應必需品契約

contract law 契約法

contract novation 契約更新

contract of adhesion 附和契約加；定型化契約（參見adhesion contract）

contract of sale 買賣契約

contract of suretyship 保證契約

contract price 承攬價額

contract provisions 契約規定；契約條款

contract terms 契約條款

contract to be performed to third party 由第三方（人）履行的契約

contract under seal 蓋印契約

contract with consideration 有償契約

C

contract without consideration 無約因的契約
contract *v.* 訂約；立約；承辦；承建；承包
contracting *a.* 締約的；承包的
contracting party 訂約當事人；締約國；承辦人
contractor *n.* 訂約人，承攬人，承包人
contractual *a.* 契約上的，承辦的
contractual capacity 訂約能力
contractual damage 由契約引起的損害
contractual fines 契約上的罰金，違約罰金
contractual libability 契約責任；契約義務
contractual obligation 契約債務
contractual relationship 契約關係
contracdict *v.* 反駁，抗辨；否認
contradiction *n.* 矛盾；否認；反駁，反證
contradictory *a.* 矛盾的，對立的；相反的
contrary *a.* 相反的；相違背的
contrary to law 違法；違反法律
contravene *v.* 觸法（法律等）；違反；否定；破壞；侵犯
contribution *n.* 捐助，貢獻，捐獻；分擔，分配；投稿
contributory *a.* 有連帶責任的；捐助的；分擔的；有助于……的；促成……的
contributory cause 附帶原因，連 帶原因
contributory negligence 被害人本身的過失；（車禍等案中）受傷一方自己的粗心；與有過失（指被害人的人身或其財產的損害是被害人和加害人的共同過失所致。）
control *n.* 控制；管制；管理，管轄，監督
control *v.* 控制；抑制，克制；管制，監督；

支配

controversy *n.* 論戰，爭論，爭吵

convene *v.* 召集；召開；開會

convenient *a.* 適當的，合理而可行的，方便的

convention *n.* 公約，協約，協定，憲典；慣例；常規；大會，會議；召集，集會

conventional law 慣例法，協約法

conversion *n.* 移物行為，折抵，轉換，交換，兌換；侵占，侵占動產；（英）侵占罪（指在刑事上的罪名，1968年盜竊法例改為據有罪）

conversion of property 侵占財產

convert *v.* 占用，侵占；變換；轉換；結匯，兌換

convertible *a.* 可兌換的，可轉換的言可改變的 *n.* 敞篷車

convey *v.* 讓與；轉讓（財產等）；傳達，通知；轉運，運輸

conveyance *n.* 財產轉讓；讓與，交付；交付文據，財產轉讓證書；運輸工具；運送

conveyance of land 土地轉讓；土地轉讓證書

conveyance of property 財產轉讓；財產轉讓證書

convict *n.* 罪犯，（服刑中的）囚犯；被判罪者

convict *v.* 定罪；證明有罪；宣判有罪

convicted *a.* 已判罪的；有罪的

conviction *n.* 定罪，證明有罪，判罪（指犯人經法庭審訊後，判定有罪）；深信，確信；服刑

C

convince *v.* 使確信，使信服；使人認識錯誤（或罪行）
convocation *n.* 召集，集會
cooperate *v.* 協作；配合
cooperation *n.* 合作；協作
cooperative enterprise 合作企業
cooperative society 合作（會）社
coordinator *n.* 協調人
co-owner *n.* （財產）共同所有人；共有人
copyright 著作權
copyright infringement 侵犯著作
copyright infringement suit 侵犯著作權訴訟
copyright law 著作權法
corporate *a.* 社團的，法人組織的；公司的，團體的；共同的
corporate responsibility 公司責任
corporation *n.* 法人團體，社團，法人；公司，企業，（美）有限公司
corporation ultra vires 越權的法人
correct *v.* 糾正，改正；修正，校正；懲罰；制止，責備
correct *a.* 正確的；改正的；適當的
correction *n.* 改正，糾正；修改，校正；（對罪犯的）教養；責備，懲罰；制止；（價格上漲後的）回落
correspond *v.* 符合，一致；相當，相應，適應；通信
correspondence *n.* 信件；通信；相當，相應，一致
corresponding *a.* 相應的，對應的；一致的，通訊的

corroborate *v.* 確證；確定；供附加證據來）證實

corroborating evidence 確證的證據

corroborative *a.* 確證的，確定的

corroborative evidence 助證

corrupt *a.* 貪污的；腐化的

corruption *n.* 貪污；賄賂；腐化，墮落

cost *n.* 成本；費用；價格；代價

cost and freight 成本加運費價，貨價及運費

costs *n.* 訴訟費（尤指敗訴之一造償付勝訴之一造的訴訟費用）；審理辯護費用（為訴訟案件辯護所規定的費用，通常不包括付給辯護律師的費用）

costs incurred in the proceedings 訴訟程序中所支出的各種費用

council of minister 內閣會議；部長會議

counsel *n.* 商議，評議，審議，商討，勸告；意見，估計；律師，辯護人，法律顧問

counsel for the defence 辯護律師；被告律師

counsel(l)ing *n.* 評議；商議；指導

counsel(l)or *n.* 律師；法律顧問；顧問；（使館）參贊

counsel(l)or at law (=counsel(l)or- at law) 法律顧問；律師

count *n.* 爭論點，問題；訴訟理由；（控告的一條）罪狀；主要罪狀；計算，合計數；（歐洲的）伯爵（英國稱earl)

count *v.* 計算；認為；總計

counter *a.* 相反的，對立的，反對的，敵意的

counterargument *n.* 抗辨

C

countercharge *n.* 反訴；反控
counterclaim *n.* 反請求；反訴；反索賠
counterfeit *n.* 仿冒品；冒牌品；偽造品
countermeasure *n.* 對策；反對手段，抵制措施
counteroffer *n.* 還價；反要約（指要約受害人在承諾中對要約的條款作了擴大、限制或變動並以此作為承諾的條件）
counterpart *n.* 副本；複本；補足物；相對應的物（或人）；極相似的東西；相對給付（指英美法對於consideration的含義）
counterperformance *n.* 對等物
counterplea *n.* 反駁；抗辯
countervailing duty 反補貼稅，抵銷稅，衡平稅
country *n.* 國家，國土；祖國；故鄉；地區，域區；（從被告的領居或從本國人選出的）陪審團
county *n.* （英）郡（譯：州）;（美、中）縣
coupon *n.* 聯（券）票；（公債債券等）息票；（附在商品上的）贈券
coupon bond(s) 附息票債券；附息公債；固定收入證券
course 過程；經過；行動方向；路線；河流；航線；課程；行為，作法
course of nature 自然的趨勢，因果的過程
courre of things 事態；趨勢
court *n.* 法院，法庭，審判庭；法官；（美）立法機關，議會；宮庭，朝庭；（公司等的）委員會；理事會

court adjourned 休庭；退庭

court bail 法庭保釋（指被告在法官面前可提出保釋的請求，只要原告不反對，法官就有權批准的一種保釋）

court case 訴訟案件

court clerk 法庭書記員，法院辦事員，法院文書，法院書記官

court costs 訴訟費用，辯護、審理費用

court decision(s) 法院判決，法院裁定

court having jurisdiction 有管轄權的法院

court hearing 庭審

court holds that 法庭確定……法庭認定……

court injunction 法院禁令

court notice 法院通知書

court of appeal (circuit court of appeal) 上訴法院（巡迴上訴法院）

court of chancery （英）衡平法院，大法官法院

court of civil jurisdiction 民事審判庭，民庭

court of criminal jurisdiction 刑事裁判庭，刑庭

court of equity 衡平法院

Court of Exchequer （英）財務大臣法院（原系審理有關稅收方面案件的法院，現已併入高等法院財務組）

court of first instance 初審法院（庭）；第一審法庭；預審庭

court of last instance 終審法庭

court(s) of law 法庭，法院，普通法院

court of second instance 第二審法院

court order 法庭秩序；法院命令

C

court proceeding 審判程序

courtroom 法庭，審判室

covenant *n.* 盟約，契約；合同（契約）條款（尤指契約裏大家同意的條款）；違反契約的訴訟

covenant *v.* 用契約保證；訂立契約；締結盟約

cover *n.* 庇護；（信函等）封袋；藉口，隱匿（處）；（支票的）保證金

cover *v.* 蓋，覆蓋；封入（信封等）；包庇；藉口，隱匿；供給，抵償；負擔支付（開支等）；彌補（損失等）；給（貨物等）保險投保

covert *a.* 受保護的；受丈夫保護的；不公開的

crash *n.* 衝撞，碰撞；（飛機等的）墜毀；失事；市場總崩潰，大跌

create *v.* 建立；創造；創造，創作

creation *n.* 封，授予；設置；創造；創作；作品；任命；產生

credibility *n.* 證據能力；可信程度，確實性；可靠性

credibility of witnesses 證人的可靠性

credible *a.* 可信的，可靠的

credible witness 可信證人；可靠證人

credit *n.* 信用，信託，信任；債權，信貸，貸款，貸方；名譽，光榮；緩付款的期限

creditor *n.* 債權人，債主；貸方，貸項

creditor beneficiary 債權受益人

crime *n.* 犯罪；罪（行），罪惡

crime of conspiracy 陰謀罪，密謀

crime of defamation　誹謗罪
criminal　犯人
criminal　*a.*　罪犯的，犯罪的；非法的；刑事上的，刑事的
criminal act　犯罪行為；罪行
criminal action　刑事訴訟
criminal case　刑事案件；刑事訴訟
criminal charge　刑事控告，刑事罪
Criminal Code　刑法典；刑法
criminal court　刑事法院，刑事法庭
criminal law　刑法
(The) Criminal Law of the Republic of China　《中華民國刑法》
criminal lawyer　刑事訴訟律師
criminal litigation procedures　刑事訴訟程序
criminal offence　刑事罪；刑事犯罪
criminal offender　犯罪者，罪犯；刑事犯
criminal operation　墮胎罪（指非法以人工手術墮胎）
criminal organization　犯罪組織；犯罪團體
criminal penalty　刑罰；刑事處罰
criminal procedure　刑事訴訟程序
criminal procedure code　刑事訴訟法典
criminal proceedings　刑事訴訟
criminal sanction　刑事處分；刑事制裁
criminal trial　刑事審判
criterion　*n.*　標準，準則，要求，依據
critical　*a.*　緊急的，關鍵性的；批評的，批判的
criticism　*n.*　批判，批評；評論
cross　*a.*　反對的；相互的，交叉的；交替的

C

cross examination（同**cross-examination**） 盤問，反訊問；反問，詰問（指一方對另一方所提的供的證人、證言加以盤問）

cross-examine *v.* （指當事人或其訴訟人代理人，對於對方證人經直接詰問提供的證言，為了發現矛盾以便推翻此證詞陸作的提問。參見direct examination）

Crown court （英）巡迴刑事法，皇室法院

cruel *a.* 殘忍的，殘酷的

cruel and unusual punishment 殘酷懲罰（指對犯人實施凌辱和殘酷不人道的刑罰）

culpa （民事上的）過失，疏忽，過錯（大陸法一般分三個等級： lata culpa, gross fault，重大過失； levi culpa, ordinary fault, 一般過失；levissima culpa, slight fault輕過失。）

culpa levis 輕微過失，普通過失（同levis culpa）

culpable *a.* 有罪的；應受懲罰的；可歸咎的

cumulation *n.* 堆集，累積

cumulative *a.* 累積的，漸增的；加重的，累加的；（證據中）與同一事實相重的

current *a.* 流通的，通行的；現行的

curriculum vitae 簡歷，履歷表

curtail *v.* 剝奪（某人的）特權

custodia 看管；拘押

custodial *a.* 看守的，監視的；監督人的，保管人的

custodian *n.* 看守人，監督人，監視人；保管人，管理人

custody *n.* 拘留，拘押，羈押，監禁；監督；監視，監護，保護；保管；扶養權

custom *n.* 風俗習慣；慣例（又譯：習慣，但有法律拘束力，與usage有別）；慣例法（又譯：習慣法）

customary *a.* 依習慣的；慣有的；慣例法的（又譯：習慣法的）

customary international law 國際慣例法的（又譯：習慣國際法，國際習慣法）

customs *n.* 關稅；進口稅；（the Customs）海關

customs duty 關稅

customs tariff 關稅

customs union 關稅同盟

D
a

D

damage *n.* 損害，損失：破壞，毀壞
damages 損害賠償；損害賠償金損害賠償額
damages for prospective loss 喪失期待利益的損害贈償
damages resulting from 由於……而引起的損害賠償
danger *n.* 危險；危險物；危機； 威脅
danger zone 危險地帶
dangerous *a.* 危險的；危害的
dangerous animal 危害性的獸畜
data *n.* 資料，材料；作為證據的事實，數據（此字之單數為datum）
data processing 資料處理，數據處理
date *n.* 日期，時期
date of delivery 交貨日期
date of expiration (or expiry) 期滿日；截止日期
date of maturity 到期日
de facto 事實上，實際上
de jure 法律上，按照法律的，合法的
de novo （案件的）重新審理； 重新
deadline *n.* 最後期限；監獄周圍的死亡線（指囚犯如果逾越即可格殺勿論的警戒線）
deadline performance 履行期限
deal *n.* 部分，量，交易，買賣；〔美〕密約，秘密妥協（尤指經濟上的特殊政策）
deal *v.* 交易；待遇；處分；分配 處理，應付
deal in 經營，做買賣
(to) deal with 對付；來往； 交道；交易；經營；處理；考慮；對待；懲處；討論，論及

deal with sb. according to... 根據……處理某人
dealer *n.* 商人，交易人，經銷人
death sentence 死刑判決
death-penalty *n.* 死刑
debate *n.* 爭論，辯論，討論
debenture *n.* 債券；（海關）退稅憑單（證書）；無抵押品的債券
debit *n.* 債項；借方金額；借方
debt *n.* 債，債務；欠款；罪，罪過
decease *n.* 死，死亡
deceased *a.* 已死的，已故的
(the) decedent *n.* 死者，亡人
decedent estate 死者（死亡時所）遺留的財產
deceit *n.* 詐欺，欺騙行為；虛偽
deceive *v.* 欺騙，欺詐；行騙
decentralization *n.* 分，制；地方分權（政策）；分散
decide *v.* 決定，決心；解決，判決，裁決；使下決心，使決斷
decide against sb. 判決某人敗訴
decide in favour of sb. 判決某人勝訴
decision *n.* 決定；決議；判決；決斷，裁定
decision by majority 多數議決，過半數的表決
decision reversed 撤銷判決，廢棄判決
decision-making *n.* 決斷行動；決定策略，作出決定
decision-making body 決策機構
decision-making power 自主權
decision-making processes 決策程序
decisive *a.* 決定性的；明確的，果斷的
decisive evidence 確證

D

decisive factor 決定性因素
declaration by debtor of inability to pay his debt 負債人無力清償債款聲明
declaration of bankruptcy 宣告破產
declaration of death 死亡宣告，宣告死亡
Declaration of Human Rights 人權宣言（同 Declaration of the Rights of Man）
Declaration of Independence （美國1776.7.4頒布的）獨立宣言
declaration of insolvency 無償付能力的聲明
declaration of solvency 有清償能力的聲明
declarative (declaratory) *a.* 宣言的，公告的，聲明的
declare *v.* 宣言，宣布，聲明，宣告；斷言，宣稱；供述，陳述
declare sth. null 宣告（某事）無效
decrease *n.* 減少，減小；減少額，減小量
decree *a.* 判決；裁判；裁決；裁定；法令；政令；命令；布告
deduction *n.* 扣除，折扣；扣除額，折扣額；推斷
deduce *v.* 推斷，推出；演繹
deduce from... 從……推斷（推出）……
deduct *v.* 扣除，減去；演繹
deed *n.* 文據；契據；證書；行為；事業
deed of transfer 轉讓契據
deemed *v.* 被視為
deemed to be 視為
defamation *n.* 破壞名譽；中傷；毀謗
defamatory *a.* 破壞名譽的；誹謗的，中傷的
defame *v.* 誹謗，中傷；詆毀名譽

default *n.* 缺席，不到案；不出庭；不履行義務，拖欠，違約；玩忽，怠職

default judgment 缺席裁判

default of creditor 債權人違約； 債權人遲延（受償）

default of debtor 債務人違約；債務人遲延（履行）

default *v.* 缺席，不到案；處以缺席裁判；不履行，拖欠；疏怠職責，玩忽職守

defeat *n.* 敗訴；廢棄、無效

defeat *v.* 戰勝，擊敗，使失敗；使無效，廢棄

defect *n.* 缺陷，瑕疵，缺點；短處，不足；過失

defective *a.* 有缺陷的，有缺點的，有瑕疵的

defective product 有缺陷的產品，有瑕疵的產品

defence (=defense) *n.* 辯護，答辯；抗辯，被告方（包括被告及辯護律師）；防禦，防護，防禦物

defence attorney 被告辯護人（指律師）

defence counsel 辯護律師

defence of privilege 關于特權的答辯；維護特權

defence of property 對（個人）財產的（正當）防衛（權）

defence of self 自我辯護

defence witness 辯護方證人，被告證人

defend *v.* 作…的辯護律師；辯護；為…答辯

defend a case in court 出庭辯護

defend oneself 答辯，自行辯護

defendant *n.* 被告

defender *n.* 辨護人；保講人

daecense *n.* (=defence)

defensive *a.* 自衛的，防禦的，防護用的，防禦用的

defer *v.* 延緩展期；遵從

deferred *a.* 遲延的，延期的

deferment *n.* 延期，遲延

D

define *v.* 給……下定義，解釋；規定；明確表示；限定；使清禁

definite *a.* 明確的，確切的；一定的

definitive *a.* 決定的；最後的；確 定的；限制的；限定的

deflation *n.* 通貨緊縮

defraud *v.* 騙取，詐取；欺騙

degree *n.* 學位；親等；程度；等級；（罪行的）輕重

degree of participation 參與程度

degree of murder 謀殺罪的等級

delay *n.* 托延，延誤，耽擱，延期

delay in payment 延期支付

delay in performance 遲延履行

delay of payment 延付，緩付

delayed payment 延遲付款

delegant *n.* （將他人欠自己的債作為償還債權人之用的）債務人

delegate *n.* 代表

delegate *v.* 委託，委任；授權；委派…為代表；（將自己的債權）轉給自己的債權人

delegated *a.* 委託的，委任的，授與的

delegated authority 代理權限

delegated power 委託（的）權，授與的權力，受權範圍

delegatee *n.* 代債權人向第三者還債的債務人

delegation *n.* 代表團；使節；委派，授權

de lege lata 實定法

deletion *n.* 刪除（事項）

deliberate *a.* 蓄意的，故意的；審慎的

deliberate intent 故意

deliberate murder 謀殺

deliberation *n.* 慎重考慮，商討，審議，商議

delict *n.* 輕罪；不法行為；違警罪；違法行為；侵權行為

delinquency *n.* 犯罪行為；失職，過失；少年犯罪；無法如期付出應付的款項

delinquent *n.* 罪犯；違法者；過失者

delinquent *a.* 有過失的，違法的；過期未付的；怠職的

deliver *n.* 解放，放；移交，引渡；交付；投遞，傳送；提供，供給；發表，陳述

delivery *n.* 轉讓，讓渡；給付 ；交付，交貨；引渡；釋放；救助；分娩；財產等的正式移交

delivery by instalment 分期交貨，分期給付

delivery date 交貨期

delivery of a deed 交付契據；讓渡證券

delivery price 交貨價格

demand *n.* 請求，要求，所要求之物，需要；正式要求；徵收

demand for reimbursement 索賠，索償

D

demand for restitution 要求賠償，要求回復原狀

demand *v.* 要求；查問，追究；需要；召喚，提出正式要求

democracy *n.* 民主；民主政治，民主政體；民主國家；民主精神；民眾

democratic *a.* 民主的，民主政體的；平民的

demolition 廢止，取消；拆毀（建築物）；破壞，毀損

demonstrate 論證，證實，證明；表示，表明，示範；作示威運動

demonstration *n.* 示威；示威遊行；實證，確證；（商品的）宣傳

demur *n.* 抗辯（書）；抗議；異議；遲疑

demur 抗辯；表示異議，反對

demurrer *n.* 異議；抗訴；有責任 答辯，抗辯，抗議，抗議者

denomination *n.* 貨幣面額； 宗派，派別

denounce *v.* 譴責，斥責；告發；通告廢除（條約，協定等）

de novo 重新；第二次

deny *v.* 否認；否定；拒絕；拒絕相信，拒絕給予

department *n.* 部門；司，局；活動範圍

Department of Justice （美）司法部

departure *n.* 越軌訴訟行為（指訴訟辯論中一方所說事實或答辯理由與訴訟中的事實和理由前後矛盾，這行為是違反正常訴訟規則，為法院所不允說的）；違背；背離（from）出發

depend 依靠，依賴；依……而定（on）；憑

而未決

dependence *n.* 未決；從屬，隸屬；依賴

dependent *n.* 受扶（撫）養者；家屬；依靠者；從屬物

dependent *a.* 受扶（撫）養的從屬的；依靠的

deposit *n.* 存款；委託項款；押金，保證金（訂立買賣契約用的）定金；公稅金；寄存物

deposit account 存款帳戶

deposit *v.* 交付；存放

deposition *n.* （非公開出庭的）作證；（按法規所提供的在他處的）作證書；筆錄供詞，錄取證詞；口供，證言，口供書；罷官，免職；證據保全；委託，委託物；寄存

depositor *n.* 存款人，儲戶，寄託人

deprave *v.* 墮落，腐化，敗壞

depreciate *v.* 貶低，使（貨幣）貶值，折舊，降低……價格；跌價

depreciated value 折舊價値

depreciation *n.* 貶値，跌價；折舊

deprivation *n.* 剝奪，喪失

deprive *v.* 剝奪，褫奪，奪去，免職

deputy *a.* 代理的；副的，助理的

deregulate 解除管制

derivative *a.* 被引出的，被誘導的；衍生的；派生的

derivative action 派生訴訟

derived liability 分賠責任

derogate *v.* 取消（義務）；限制（權利）；廢除；毀損，減損

derogation *n.* 廢除；毀損，減損，減除；法律的部分適用
derogatory *a.* 毀損的；減損的
derogatory clause 自我限制條約；失效條款
descend 把財產傳給；遺傳
descendant *n.* 子孫，後裔，卑親屬
descending order 遞降次序
descent *n.* 繼承，代代相傳；依法轉交；血統，世系
description *n.* 描寫，敘述；詳情；（商品性質或特性的）說明
description of goods 貨物說明摘要
design *n.* 設計；計謀，企圖；（常用複）外觀設計
designate *v.* 委任，指定
designated *a.* 委任的，指定的
designation *n.* 選任，任命，指定；名稱
despatch *n.* 見dispatch
destination *n.* 目的地；預定
destruction *n.* 破壞，毀壞，消滅
detached *a.* 分遣的；派遣的；分離的，獨立的；超然的，公正的
detachment *n.* 分遣隊；派遣；分離
detailed *a.* 詳細的，詳盡的
detailed account 詳細報表；詳細帳目
detailed provisions 詳細條款
details *n.* 細目，細則，詳情
details of case 案情
detain *n.* 拘留，扣押；留住，阻住
detain *v.* 扣押，扣留，羈押，拘留；留住，阻止

detained *a.* 扣留的，扣留的，拘留的

detect *v.* 發現，查明；探測；偵查

detective *n.* 偵探

detention *n.* 拘留，扣押，羈押，拘役，監禁，阻止

determination *n.* （貨物）變質；退化，墮落

determination *n.* 決定；確定；限定；測定；決心，決斷；（訴訟的）終結；判決；裁定；產權的終止

determine *v.* 決定，確定，測定；決心；使終止，終止，終結

deterrence *n.* 威懾力量，制止物，阻得物，威懾物；制止因素，威懾因素

deterrent *n.* 制止物，妨礙物，威懾物，制止因素，威懾因素

detriment *n.* 損害，傷害，危害

devaluation *n.* 貶値，平價

development *n.* 開展，發展；開發；新事物

deviation *n.* 越軌；偏差；偏離航道，航道變更

device *n.* 手段；詭計，計策

dictatorship *n.* 專政；獨裁權

dictum *a.* 宣言，聲明；法官的意見

die *u.* 死；枯萎；滅亡

difference *n.* 不和，爭論；差異，差別；差額，餘額；重要改變

digest (Digest) *n.* 文摘，摘要；法規彙編；法律彙編

dignity 尊嚴；（無體財產權的一種）高位；高貴，顯職

diploma *n.* 特許證；學位證書；（學校畢業

的）文憑；公文

diplomacy *n.* 外交；外交手腕，權謀；外交使團（節）

diplomat *n.* 外交家，外交官，有權謀的人

diplomatic *a.* 外交的，外交上的；文獻上的，有外交手腕的

direct *a.* 直接的；直系的；確實的

direct cause 直接原因

direct consequence 直接後果

direct evidence 直接證據

direct examination 直接詰問（指當事人或其訴訟代理人為了提供證詞給法庭審理，向為其作證的證人所作的發問，舉證方的直接詰問應是第一順序，另一方的反詰問是第二順序。）

direct proof 直接證明

direct verdict （美）直接裁決（指負舉證責任的當事人在舉不出可供立案的證據時，法官指示陪審團按其指示作出有利被告的裁決。從法律上講，這種指示不容陪審團考慮，只能照作。在刑事案件中，此種裁決則由法官直接作出。）

direct *v.* （法官）指示（陪容團）；指導，指揮

direct the jury （法官）對陪審團作

direction *n.* 管哩，監督，指揮，指導；指示；命令

direction to a jury （法官）給予陪審團的指示

director *a.* 董事；主任；理事；總監

director of company 公司董事長

disability *n.* 無行為能力，無資格；殘廢，勞

D

動能力喪失
disable *v.* 使無行為能力，使（在法律上）無資格，使殘廢
disabled *a.* 殘廢的
disaffirm *v.* 撤銷以往的判決；否認，取消，反駁
disagree *v.* 抵觸（尤指與法律相抵觸）；不同意；爭執；不符合
disagreement *n.* 不一致，不同意；陪審團的意見不一，異議
disallow *v.* 拒絕接受，拒絕承認；不允許，否決
disappear *v.* 失蹤；消失，不在
disappearance *n.* 失蹤；消失；不在
disaster *n.* 災難；不幸；災害；慘事
disbar *v.* 取消律師資格，將某律師除名，將某人驅逐出律師界，取消（某人）的律師出庭資格
disbursement *n.* 付款
discern *v.* 目睹者；認識；洞悉；識別；辨別
discernment *n.* 認識、識別，洞察力
discharge *a.* 履行，清償；完成任務；執行任務；撤銷（法院命令）；解除；釋放；開除；解職，免除，解雇；卸貨，卸裁
discharge of contract 履行契約
discharge of debt 清償債務
discharge of duty 履行職務
discharge *v.* 徹銷；釋放，解除，免除，履行，清償
discharged *a.* 已解除的；已清償的

D

discipline *n.* 紀律；風紀；懲戒，懲罰
disclaim *v.* 放棄，否認；不索取，不認領
disclaim liability 否認責任
disclaimer 放棄要求，不承認；放棄權利；放棄者，否認者
disclaimer clause 棄權條款
disclose *v.* 揭發，揭露；公開，透露
disclosed *a.* 褐發的，揭開的；透露的，洩露的
disclosed defect 發現的瑕疵
disclosure 揭發；披露，洩露；告知，通知；洩露之事
disclosure of information 洩露情報
discount *n.* 折扣，貼現打折扣；折息，扣息
discovery *n.* 要求告知（指法院可以通知一方當事人，使他了解他方當事人或證人所知道的事實以便準備受審的一種手續）；發現，發覺；被發現物
discovery and inspection of documents （遺失）文據的發現和審查
discovery of document(s) 提供證件清單
discretionary (discretional) *a.* 有決定權的
discrimination *n.* 區別，辨別，識別；不平等待遇，差別待遇；歧視
discriminatory 區別對待
disease *n.* （身體或精神上的）疾病，傷害
dishonest *a.* 不忠實的，不誠實的，欺詐的
disinherit *v.* 剝奪繼承權
dismiss *v.* 讓……離開，打發；解雇，開除，免職；駁回，對……不予受理
dismiss a case 了結一個案件；駁回一個案件，

不受理一個案子

dismiss a charge 不受理起訴

dismiss an appeal 駁回上訴

dismiss the charge 駁回控告

dismissal *n.* 打發；罪免；免職；開除，解雇，解職；不予考慮；駁回，駁回訴訟（指原告如不在限期內送交索賠陳述，或不申請指示傳票，或不披露文據，或不到庭受審，法庭有權駁回該訴訟）；撤銷訴訟

disparage *v.* 輕視，貶低；誹謗；侮辱

dispatch *n.* 調遣，派遣；就地正法，立即處死；迅速辦理；速遣；發送；急報

dispatch *v.* 調遣；派遣；殺死，迅速處決；迅速了結

dispensation *n.* 特免權；豁免；執行，施行；處理，處置，統治；分配，分配物

dispense *v.* 執行，施行（法律等）豁免；分配，給與

disposal *n.* 安排，布置；處理，處分（財產），自由處置權；出售，讓與；財產處分方法（轉讓或出售

dispose *v.* 處理，處置，處分，支配

disposition *n.* 處置，支配，處分；處置權，處分權，支配（財產）權；安排，處理，讓與；對（少年的）判決

dispossess *v.* 搶奪，霸占；剝奪；逐出

dispossession *n.* 剝奪；搶奪；強占；沒收

dispossession of land 強占土地

disputable *a.* 可爭論的；可置疑的；可反駁的；不一定的

dispute *n.* 爭端，爭執；糾紛；爭辯，爭

議，競爭

dispute settlement 和解協議；糾紛解決

dispute *v.* 爭執，爭端；對……提出爭辯。

dispute validity of a document 指出（對方提供的）文件有效性的爭議

disputed *a.* 有爭執的

disputed debt 有爭議的債權

disqualification *n.* 無資格，不合格；取消資格

disregard *n.* 不理，漠視，無視

dissent *n.* （個別或少數法官對多數法官所持有的）異議（或不同意見）；不尊奉國教

dissenting *a.* 不同意的，不贊成的

dissenting opinion 反對意見；（某法官的）異議

dissenting vote 反對票

dissident *n.* 持不同政見者；唱反調者；背離國教者

dissolution *n.* 解散（指議會，公司等）；解散權；（契約，婚約等）解除；結束；取消，終止；死亡；消亡；瓦解

dissolution of company 公司的解散

dissolution of contract 解除契約

dissolve *v.* 解散，解除，取消；宣告無效

distant *a.* 遠的，遠隔的；疏遠的，冷淡的

distinctive *a.* 區別性的；與眾不同的

distinguish *v.* 區別，辨別，識別；把……區別分類

distribute *v.* 分配，分發；分布，散布；分類

distribution *n.* 財產分配；法院對無遺囑死亡者財產的分配；消費品的供銷，供銷量；分

紅，分類

distribution of assets 資產分配

distribution of power 權力的分配

distribution of profits 利潤分配

distribution of profit and loss 損益分配

district *n.* 地區；區域；地方，管區；（中）（直轄市和較大的市所轄的）區；（英）郡（美國各州的）眾議員選區

district attorney （美）地方檢察官（又譯：地區檢察官）

district court （美）（聯邦系統的）地區法院，（州系統的）地方初審法院

distrust *v.* 不信任，懷疑

disturb *v.* 滋擾，擾亂；妨得，妨害

disturb (break) the peace 擾亂治安

disturbance of the peace 妨害治安

diversity *n.* （刑事訴訟中，囚犯為阻止執行而提出的）未曾判刑定罪的申訴；多樣性；變更

divest *v.* 剝奪（他人地產或權益），搶奪，掠奪；放棄

divestiture *n.* （財產，權力等的）剝奪

divide *v.* 分配（財產等），分擔；分享；分歧（意見）；分開，隔離

dividend *n.* 公債利息，股息；盈餘；紅利；破產債權人的償金

divisible *a.* 可分的，可分割的

divisible contract 可分契約

divisible thing 可分物

division *n.* 遺產分割（配）；意見分歧；區域，選舉區；區分，部分；章節；部門，科

室；（英）議會分組表決
division of powers 權力分配
division of responsibility 責任分攤
divorce *n.* 離婚
doctor *n.* 博士；醫生
doctor of jurisprudence 法學博士
doctor of laws 法學博士
doctrine *n.* 主義，學說；原則；教條
doctrine of judicial precedent 判例主義
doctrine of res ipsa loquitur 事實推定原則，明顯過失主義
doctrine of retroactivity （法律）溯及既往原則
doctrine of stare decisis 判例約束主義
doctrine of state immunity 國家豁免權學說（原則）
doctrine of the persumption of innocence 無罪推定原則
document *n.* 公文，文件；證件，證卷；訴訟案卷；證書；文據
document *v.* 提供文件或證書；用文件或證書證明
documental *a.* 公文的，證書的，文件的，文據的
documentary *a.* 公文的，證書的，文件的，文據的
documentation 證明文件，文證書的提供（或使用）；備辦文件（指代犯人填制的文件，如捺印指紋、照相、填寫姓名、住址、登記罪行等項文件）
domain *n.* 領土，版圖；產業，產業所有權；土地征用權；房地產；範圍

domestic *a.* 本國的，國內的；家庭的；國產的

domestic law 國內法

domicile *a.* （正式戶口所在的）戶籍；住所（指一個人永久居住或由法律推定永久居住的地方）

dominant *a.* 支配的，統治的；主要的；卓越的

dominion *n.* 統治權，主權；統治，支配，管轄；領土，領地，領域；自治領；（大寫）英國自治領

donation *n.* 捐贈，捐贈的東西，捐款

donee *n.* 受贈人

donor *n.* 贈與人，捐贈人；遺贈者；授權人

dormant *a.* 休眠的，蟄服的；暫停活動的；潛伏的，匿名的

dormant law 不實施的法律，不執行的怯律

double *a.* 雙重的；加倍的；兩面派的

double damages 雙重損害賠償

double jeopardy 用一罪名而受兩次審理（指英美法上禁止法院對同一罪行進行一次以上公訴的一個普通法和憲法原則。大陸法上稱一事不再理原則）

doubt *n.* 疑問；疑惑；疑懼，懷疑

doubt *v.* 懷疑，不相信

doubtful *a.* 懷疑的，有疑問的；未確的，不可靠的；難以預測的

down *a.* 向下的；現付的

downpayment *n.* 已付定金；（分期付款的）首次付款

draft *n.* 法案；草案；匯票，付款通知單；

設計，圖樣，草稿；（美）徵兵，徵集
draft amendment 修正草案
draft bill 法律草案
draft resolution 決議草案
draw *v.* 草擬，制定；支領，提取；推論，引出；拉長，引長，拉緊
draw up a deed 草擬一份契據
drink *v.* 飲；喝酒
drive *n.* 驅，趕，逐；駕駛；開（汽車等），開車；促進（交易），經營
driving while intoxicated 酒醉後駕駛（汽車）
drown *v.* 溺死，俺溺；溺殺
drug *n.* 毒品；麻醉藥（如鴉片、嗎啡）；藥物，藥材，藥劑
dual *a.* 雙重的，二的，兩體的
due *a.* 到期的，應給付的；適當的，正當的；預期的，應到的；充分的
due care and attention 應有的小心和注意
due process 正當手續（或程序）（指通過法院執行法律過程，來保證每個人都能受到保護或公正審判），法定訴訟程序
duly authorized 經正式授權的
duration *n.* 期間；持續時間
duress *n.* 強迫，威脅；監禁，束縛
during the trial 審判期間（指自陪審團宣誓起至作出裁決時止的審理期間或自大陪審團向法院提起公訴書時起至最後判決止的審判期間）
duty *n.* 義務，職責；責任，本分；職務；任務；稅（尤指關稅）
duty of care 撫養責任，保管責任
duty to mitigate damage 減輕損害的責任

D

Ee

ear-mark *n.* 特徵；標記；特殊記號；可辨別的（財產）
early *a.* 早的；早熟的；及早的，早日的
early termination 中止
earn *v.* 工資，掙得，賺得，收入
earnings 收入，所得；薪水；
earnings and profits tax 收入及利（潤所）得稅
easement *n.* 地役權（指為圖自己土地的利益而使用他人土地的權利）
eavesdrop 竊聽，偷聽
ecological *a.* 生態的，生態學的
ecology *n.* 生態學
economic *a.* 經濟的；經濟學的；實用的；實際的；儉省的
economic benefit 經濟利益；經濟補貼
economic interest 經濟利益
economic law 經濟法
economy *n.* 經濟，經濟制度；節約
edict *n.* 敕令；法律的正式頒布；布告
editor *n.* 編者，主筆
education *n.* 教育，教育程度；教育學；修養
effect *n.* 要旨，意義；作用，效能，效力，影響；結果；實施，實行，實現；（複）財產
effective *a.* 有效的，生效的
effective date 有效日期
effective implementation 有效執
efficiency *a.* 效力；效率；效能
eject *v.* 驅逐；排斥；（通過訴訟）排除（租

戶等的）占有權；免…的職

ejectment *n.* 驅逐，趕走；收回不動產（土地或房屋）訴訟；收回地產占有權（或所有權）訴訟

elastic *a.* 有彈性的，可伸縮的；有活力的，靈活的，能適應的

elect *v.* 推選，選舉；選擇；決定

elective *a.* 選舉的

element *n.* 因素；成分；分子，要素

elements of crime 犯罪要素

eligibility *n.* 合格；合格性

eligible *a.* 合格的；符合被推選條件的

emancipate 使不受（政治社會、法律等）約束；使（孩子，妻子）擺脫家長統治而獲得合怯的權利；釋放；解放

embargo *n.* 禁運；禁止（通商）；封港令，禁運令；扣船；禁止出（入）港

embassy *n.* 大使館全體人員；大使館；大使職務；大使的派遣；特別使節團

embezzle *v.* 盜用（公款或公物）；監守自盜；侵吞，盜用；貪污

embezzlement 貪污公款；監守；侵吞，盜用，瀆職

embezzlement of public funds 盜用公款，侵吞公款

embezzler *a.* 貪污犯，盜用公款者；監守自盜者

embody *v.* 使體現，使具體化；包含，包括；合併，編入

emergency *n.* 非常時刻，緊急情況，突然事件；遇險，緊急狀態

emerging *a.* 出現的，發生的，形成的

emigration *n.* 移民出境；移居國外，僑居；移民（總稱）

employ *v.* 僱用，使用；聘請；使從事，使專心

employe′(e) 受僱人，職員，僱員

employer *n.* 僱主，僱用人；業主

employment *n.* 使用，僱用；職業；就業；服務；工作

empower *v.* 授權；准許；轉委

E

en banc 全體出庭法官受審（一件上訴案件）（在美國指巡迴上訴法庭通常對一個重大案件的審理可擴大法庭審判官的人數，又稱 sitting en banc）

enable *v.* 使實現，使成為可能；授予……權力，使……有權

enact *v.* 制定（法律）；頒布（法律）；通過（法案等）；（法律所）規定

enclosed *a.* 圍住的，圈起的

encourage *v.* 慫恿，煽動；助長，鼓動；援助；促進

encouragement *n.* 慫恿，煽動；助長，鼓勵；幫助，支持

encroach *v.* 侵犯，侵入，侵占；侵略

encroachment *n.* 侵犯（權利），侵占（財產）；侵入，侵略；侵占物，侵占地

encumber *v.* 使負（債）；妨礙，阻礙，阻塞（場所）；（財產）帶有（抵押權）

encumbrance *a.* 累贅；（財產上設定的）負擔（指抵押等）；財產留置權（或抵押權）

end *n.* 完結，結束；終止；限度，極頂；末

端，盡頭；目的，結局；死亡；廢除

endanger *v.* 使危險，危及

endangered species 會造成危害的物件

endorse *v.* 批准，背書；保證，拒保；認可，贊同

endorsement (indorsement) 背書（尤指支票、票據背面的簽字）；批註；簽名；認可；保證

endow *v.* 贈送財產給；分給寡婦一份遺產；授與，賦與（特權等）

endowment *v.* 資金，基金；捐款，捐贈，捐贈基金；養老基金

enemy *n.* 敵人，敵軍，敵國；有害物

enforce *v.* 強制執行，實施；強制，強迫；強調，極力主張

enforceability *n.* 強制性

enforceable contract 強制性契約

enforcement *n.* 實施，加強，厲行，執行，施行；強制執行

enforcement of judgment 執行判決

enforcement of right 行使權利

engage *v.* 從事；保證，約束，束縛；僱用，聘請；預定（鋪位等）；允諾，約定

engagement *n.* 約定；約束；僱用，使用；預定；諾言；保證；訂婚，婚約；義務；（複）財務上的義務，財務承諾；債務

England *n.* 英格蘭（英國的主要部分），（泛指）英國

English *a.* 英國的，英國人的，英語的

English barrister 英國（能出席法庭的）大律師

English common law 英國普通法，英國習慣法
English Law 英國法（總稱）
English solicitor 英國（辦理案件事務，能在下級法院出庭的）撰狀律師（這類律師可提供咨詢、準備法律文件和承辦每日法律事務，而不能出庭於法庭，如必需出庭於法庭時需要有大律師bar- rister代其出庭，又譯：事務律師。）
enjoin *v.* 禁止；命令，指示，責成
enjoy *v.* 享受，享有，獲得某種利益
enlarge *v.* 擴大；擴張；延期；增加；（美）釋放
enlist 徵（兵），招（兵）；應徵；加入，贊助，支持；偏袒；利用
enquire *v.* 詢問，調查；查究，質問（同in- quire）
enquiry *n.* 詢問，查問；調查，查究
enriched person 受益人
enrol(l) *v.* 登記，編入，註冊；入伍，服兵役，加入
entail *v.* 限定繼承（財產）；使負祖；使需要；導致，惹起
enter *v.* 進入；加入，參加；（書面）提出；正式提出；正式占有；在法庭上正式提出；登記，註明；開始；著手；報關
enter into 進入；參加；締結，訂立；受……約束；開始，從事，研究
enter into a contract 訂立契約
enter into a treaty 締結條約
enter into effect 生效
enter upon a property 占有財產

E

enterprise *n.* 企業，事業；公司；經辦企業，參加企業；重要、艱難或危險的工作；企圖，計劃

enticing *a.* 誘惑的，引誘的

entire *a.* 全部的，不可分割的，整體的

entire contract 完全契約

entirety *n.* （夫妻）共有制；整體，全部，共有

entitle *v.* 給……權利（資格），使有資格；稱呼

entity *n.* 實體，存在；本質；（工作）單位

entrance *n.* 加入；進入；入場權；入港手續；開始

entrance exam 入學考試

entrepreneur *n.* 企業家；主辦者；承包者

entrust *v.* 委託，信託，委任

entry *n.* 進入，入場（權）；登記，記載；項目，帳目；報關手續；土地侵占；侵入住宅

enumerate *v.* 舉出，列舉（事實）, 枚舉，計算

environment *n.* 環境，四周，外界

Environmental Protection Agency （美）環境保護署（局）

equal *a.* 相等的，均等的；相同；同等的；平等的；合適的

equal protection of the laws 法律（對公民）的平等保護

equal rights 平等權利

equal share 平均負擔

equality *n.* 同等；平等；相等

equality before the law 在法律面前（人人）平等

equitable *a.* 公平的，公正的；衡平法的；衡平法上有效的

equitable action （英）（向衡平法院提起的）預防性訴訟（又譯：衡平法上的訴訟，指以制止不法行為或傷害行為以及防止違法行為為目的依衡平法提出的訴訟，而根據普通法是得不到救濟的。）

equitable defence 衡平法上的抗辯

equitable estoppel 衡平法上的禁反言

equitable grounds 衡平法理由（或原因），衡平法上的根據

equitable interest 衡平法上的利益

equitable relief 衡平法上的救濟（或補助）

equity 衡平法，衡平法上的權利；公道，公平，公平的事物；（美）財產超過其負債的所餘價值；公司普通股所有人的利益；股份權益；（無固定利息的）股票，證券

equivocal *a.* 模稜兩可，含糊的； 不確定的；可疑的；未決的

erect *v.* 設立，（法庭的）建立；安裝，裝配

err *v.* 弄錯，犯錯誤；（不正確地）陳述；犯罪

erroneous *a.* 錯誤的，不正確的

error *n.* 錯誤；罪過，違犯（行為）；差錯；謬誤；訴訟記錄錯誤；訴訟手續不全；誤審；違法

escape *n.* 脫逃（罪）；逃走；逃避，逃亡；漏；免除

E

escape *v.* 逃走，逃亡，脫逃

escrow *n.* 附條件委付蓋印契約（指由第三者保存、以待某項履行條件完成後即交受讓人的契約）

espionage *n.* 間諜活動；刺探；間諜，偵探

essence *n.* 要素；本質，實質；本體實體

essential *a.* 本質的，實質的，基本的；必要的，不可少的

essential condition 必要條件

establish *v.* 建立，設立（公司等），創辦；制定，規定；委任，安置，委派；確立，證實；認可

establishment *n.* 建立，設立；創辦，開設；建立的機構；行政機關；軍隊；企業；公司；法規，法典；定員，編制

estate *n.* 等級，社會階層，集團；地產，產業；個人的財產；繼承的財產，遺產

estate for life 終身佔有的土地

estate free from encumbrance 無地役權的不動產

estimate *v.* 估計；預算，評價；判斷

estimated *a.* 估計的，預算的；評價，判斷的

estimated cost 估計費用，估計成本

estimated expenditure 預算支出

estimated revenue 預算收入

estimated value 估計價值

estop *v.* 禁止，阻止，防止（from）；禁止翻供；禁止反言

estoppel *n.* 禁止翻供（禁止主張與以前相反的主張）

ethical *a.* 倫理的，倫理學的，道德的；合乎道德的

ethics *n.* 倫理學，道德學；倫理學論文（或書籍）；倫理觀，道德觀，道德標準

ethnic (=ethnical) *a.* 種族的；民族的；人種的；異教徒的

etiquette *n.* 規則，成規；禮節，禮儀，典禮

Euro-bond *n.* 歐洲債券

Euro-Market *n.* 歐洲市場

European *a.* 歐洲的，歐洲人的

European Common Market 歐洲共同市場

European community 歐洲共同體

European Economic Community 歐洲經濟共同體

European Court of Justice 歐洲法院

euthanasia *n.* 無痛苦的死亡；安樂死（為結束不治之症的痛苦而施行無痛苦致死）

evade *v.* 逃避，躲避，迴避，規避

evaluation *n.* 定值，估計；評價；評審

evasive *a.* 逃避的，規避的；推托的；不可捉摸的

event *n.* 事件，事變；偶然事件；活動經歷；訴訟的（或判決的）結果

evict *v.* （依法從土地上或建築物中）逐出；驅逐（租戶）；沒收；收回

eviction *n.* 收回財產，收回租地；沒收；逐出

evidence *n.* 證據，證詞；證人；根據；明顯，顯著；形象，跡象

evidence in rebuttal 反證

evidence *v.* 作證，證明；以證據支持

evidential (=evidentiary) *a.* 證據的；作證據用的；證據的；依證據的

evil *a.* 邪惡的，罪惡的；有害的

evil *n.* 邪惡，罪惡，惡行，弊病；不幸；災難；禍；痛苦

ex aequo et bon 公平和善良；出自公正善良；按良心和公平原理

ex ante 事前；根據經濟上預期變化的

ex post 事後；溯及既往

ex post facto 溯及既往的，事後的

ex post facto law 溯及既往的法律

examination *n.* 檢查；審查，審問，查問，訊問，詰問（指在審判中採用雙方當事人質問證人方式取得證供的程序）；考試

examine *v.* 審訊，審問；審查，詰問；考試，考查；檢查；驗屍；研究，調查

example *n.* 實例，範例，例題；樣本，模範

exceeding one's authority 越權

exception *n.* 例外，除外；（訴訟進行中的）抗辯，反對意見；異議，不服

exception clause 免責條款；例外條款

exceptional remedy 特殊救濟

excess *a.* 超越，超過；過量，過剩；過度；（複）過度行為，暴行；超額，超數；免賠率，免賠額

excessive *a.* 過度的，過分的；額外的，超額的；極端的

excessive damages 超額損害賠償（金）

exchange *n.* 匯兌，匯票，（外幣的）兌換率；交換，交易；互換；交流；交易所，票據交換所；（外幣的）兌換

exchange rate(s) 匯率，匯兌率

exchequer *n.* 國庫，財源；（大寫）（英）財政法院（指英國高等法院的一個部門）；（英）財政部（從前由稅收部門和法院組成，現為管理政府稅收部門）；（英）政府債券

exclusion *n.* 排斥；排除在外；拒絕；趕出；驅逐

exclusionary *a.* 排斥的

exclusionary rules 證據排除法則（指非法取得的證據不得在刑事審理中使用的法則）

E

exclusive *a.* 獨有的，獨特的，唯一的，專有的；除外的，排它的，不公開的；（商品）高級的，第一等的；全部的

exclusive jurisdiction 專屬管轄，專屬管轄權

exclusive right 專有權，排他權

exculpate *v.* 使無罪；中辯無罪，辯解

excusable *a.* 可辯解的；可原諒的；可免除的

excuse *n.* 原諒，寬恕，赦免；托辭，藉口；辯解

excuse *v.* 原諒；為……辯解；成為……理由，寬恕

execute *v.* 執行，履行，實施，實行；貫徹；完成；（經簽名、蓋章等手續）使（證書、契約等）生效，使合法；（英）（財產的）讓與；處決，處死

execute a deed 簽名蓋章使契據生效

executed agreement 已生效的協定

executed contract 已履行的契約

executed deed （完成簽署手續而開始）生效

的契據

execution *n.* 實行，實施，執行；處死刑；（經簽名蓋章等）法律文件的生效，合法；（授權將判決付諸實施的）執行令狀；效果

execution of a criminal 處決罪犯

execution of judgment 執行判決

execution of power 行使權力

execution of punishment 刑罰的執行，執行刑罰

execution of treaty 履行條約

execution proceedings （強制）執行程序

executive *n.* 行政人員；執行者；高級官員；董事；總經理；社長；行政部門

executive *a.* 執行的，實施的；行政上的

executive authority 行政權；行政當局

executive branch 行政部門

executive committee 執行委員會，常務委員會

executive council 行政會議

executive officer 行政官；行政官員

executive power 行政權，執行權，行政管理權

executory *a.* 有效的；實施中的；執行中的；行政上的；未生效的

executory agreement 實施中的協定

executory contract 待履行的契約，未經履行的契約

executory treaty 待履行的條約

exemplary *a.* 懲罰性的，警戒性的；示範的；典型的

exemplary damages 懲罰性的損害賠償（指判決的賠償損失額超過實際所受的損害，亦作

punitive damages）

exempt *v.* 免除；豁免

exempt from... 豁免……

exemption *n.* 免責，免除；豁免；減稅，免（稅）

exercise *n.* 行使，運用，實行，履行；訓練；（複）儀式；實施

exercise *v.* 行使，實施，履行；運用；施用；煩腦

exert *v.* 施加（壓力）；產生（影響）；行使（職權）；發揮（威力）；運用

exhaustion *n.* 耗盡，用盡

exhibit *v.* 陳列，展出；正式提交（證據等），出示證據；表白，表示

exigent *n.* 催告書，勒令，限令

existing *a.* 現行的，現存的，目前的，現在的

exonerate *v.* 解放，開釋；免罪；免除（責任等）；證明無罪

expansion *n.* 伸展；附建；膨脹，（領土）擴張

expectancy *n.* 期待，預期，期望，盼望；期待的事物

expectancy of life 估計壽命

expectation *n.* 期待，預期；（複）繼承財產的指望

expel *v.* 驅逐，逐出；開除；趕出，發射（子彈）

expenditure *n.* 支出額；支出，開支；經費，費用；使用

expense(s) *n.* 開支，支出；經費，費用；損

失；消耗

expert *a.* 專家，行家；鑑定人

expert opinion 專家意見，鑑定意見

expert testimony 鑑定人鑑定詞

expert witness 鑑定證人

expiration *n.* （期間）終了，期滿；屆滿，滿期；出氣，斷氣，死亡

expire *v.* 終止，期滿；開始無效

explanation *n.* 解釋，說明；辯解，辯明，講明

explanatory *a.* 解釋的，說明的

explicitly provide 明文規定的

exploitation *n.* 剝削；開發；利用

explosive *n.* 炸藥；爆炸物

export *n.* 出口，輸出，輸出品

express *a.* 明示的，明白的；明確的，明顯的；特殊的；快速的

express agreement 明示協定，明示協議

express authority 明示授權，明示權限

express condition 明示條件

express contract 明示契約

express offer and acceptance 明示要約與承諾

express or implied 明示或默示

express power 明示權力

express warranty 明示擔保

expression 表達，明確表達措詞

expropriate *v.* 徵用，沒收，剝奪

expropriation *n.* 徵用；沒收財產，所有權的剝奪；讓渡，轉移（財產）；侵占，據為己有

expulsion *n.* 驅逐出境，驅逐；開除

extend *v.* 延長，延期，寬限；擴充，擴張；估價，評價；評價債務人物業；沒收（土地等）；（將速記等）譯出；詳細寫出；致，給

extended *a.* 展期的，延期的；延長的；擴大的

extended period 延長期

extension of time for payment 准許延期付款

extent *n.* 範圍，程度；廣度，寬度；限度；（古英國法中由理財法院直接給地方司法行政官發出的）收回債款執行令，收回債款扣押令（對收回私人債款有時用writs of execution)；（美）（債權人對債務人的財產可臨時占有，直至債務人清償債務為止的）臨時所有權令

extent of authority 權限

external *a.* 外面的，外界的，外部的，外國的，對外的；客觀的；表面的

extinct *a.* 消滅了的；（法令等）過時的，無效的，廢除了的；（貴族稱號等）無合法繼承人的

extinguish *v.* 消滅，絕滅；壓抑，抑制；使無效，取消，廢除；償清（債務等）

extinguish a claim 使一項要求無效

extra *a.* 額外的，外加的；另外收費的；特別的

extradite *n.* 引渡（逃犯），使（逃犯等）被引渡

extradition *n.* 引渡（逃犯）

extraneous *a.* 外部的，外來的，範圍外的，無關係的；體外的

extraneous evidence 旁證，外部證據

extraordinary *a.* 特殊的，特別的，非常的；破例的；非凡的

extraordinary resolution 非常決議案

extreme *a.* 極度的，極端的；嚴厲的，過分的

extrinsic *a.* 外在的，非固有的，非本質的；外來的，外部的；附帶的

extrinsic evidence 外部證據（指契約協議之類等書面契據以外的但又與之相關的證據，亦稱附帶的口實證據）

facilitate *v.* 使容易，使便利；推進，促進
facilitation *n.* 便利於他人犯罪的行為
fact *n.* 事實，實際；真情，真相；（犯罪）行為；證據
fact-finder *n.* 實情調查者
fact-finding *n.* 查明事實，實情調查，調停
factual *a.* 事實的，與事實有關的；實際的，確實的，現實的
Faculty of Law 法學院
fail *v.* 失敗；犯錯誤；缺少，不足（in）未能，沒能（to do）；使……失望
failure *n.* 失敗，不足，疏忽；不履行；破產，無力支付；衰竭

F

fair *a.* 公平的，公正的，合理的；依法律可以捕獵的；清楚的，無污點的
fair and impartial trial 公正而無偏袒的審判
fair comment 公正評論，正當的批評
fair consideration 合理對價（約因）
fair dealing 公平交易
fair market value 公平市場價格
fair price 公平價格，合理價格
fair trade 公平貿易，公平交易
faith *n.* 信任；信仰；信念；保證，諾言，約定；忠于信仰，守信
fake *n.* 偽裝；偽造物；欺詐
fall *v.* 下落，跌落；崩潰，瓦解；（故事）發生出來；減退，減弱
false arrest 不法逮補；非法拘留；假捕
false statement 虛偽陳述
falsify *v.* 竄改（文件），偽造；歪曲；捏造；證明……是假的，證明……是無根據的；誤

用，搞錯；說謊

falsity *n.* 虛假，不真實；欺詐；謊言；不正確

family *n.* 家庭；家屬；親屬；氏族；家族

family car (or automobile) doctrine （美）家庭用車（替代責任）原則

family law 家庭法

fatal *a.* 致命的；毀滅性的；不幸的；重大的

fault *n.* 過失；缺點；錯誤的責任；毛病，差錯

faulty *a.* 過失的，有錯誤的，有缺點的，不完善的

favo(u)r *n.* 偏袒；恩惠；庇護；贈與

favo(u)r *v.* 偏袒，偏愛；庇護；贈與；有利於；贊成

favo(u)rable *a.* 有利的，順利的；優惠的；贊成的，稱讚的

feasible *a.* 可行的，可執行的；可完成的；可用的

federal *a.* 聯邦的，聯邦制的；聯盟的

federal case 聯邦案件

federal common law 聯邦普通法

federal court （美）聯邦法院

federal reserve system （美）聯邦儲備系統（指1913年美國威爾遜總統所建立一個儲備系統，目的是為了抵制通貨膨脹和通貨收縮；該系統控制它所屬的12個銀行和所有的國家銀行的現金流通。）

Federal Rules （美）聯邦訴訟規則（1938年後，聯邦地區法院統一實行最高法院制定的這一規則。）

Federal Rules of Civil Procedure （美）聯邦民事訴訟規則（指聯邦法院對處理民事案件的訴訟程序所制定的統一規則，該規則1937年經最高法院通過，次年生效。）

Federal Rules Criminal Procedure （美）聯邦刑事訴訟規則（指美國1944事最高法院所通過的一個程序規則，對聯邦法院在處理刑事案件，進行刑事訴訟過程中從調查、逮捕、提審、直到最後審判，以及諸如有關保釋和指定辯護人等的程序均作了詳細規定。）

federal state 聯邦國家

Federal Tort Claims Act （美）《聯邦侵權索賠條例》

Federal Trade Commission (F.T.C.) （美）聯邦貿易委員會

federalism *n.* 聯邦制

federation *n.* 聯邦，聯盟；聯邦政府；聯合會

fee *n.* 費（用）；酬金；稅；會費；世襲土地，祖傳土地；封地，封地所有權

fee simple 不限制繼承者身份的土地；無條件繼承的不動產（權）

felony *n.* 重罪，重刑罪

female *a.* 女性的，婦女的

fence *n.* 柵欄；買賣贓物者（或場所）；（美）政治利益；雄辯

fictitious *a.* 假定的，假設的；虛構的；不真實的

fiduciary *n.* 忠於受託之事，信託事務；忠於信託職務的人；受信託人（此詞來自羅馬法，原意是指一個具有信託應具備的信任和

信用，及信託所需要的謹慎誠實和公正的信託人的品格的人。）

fiduciary *a.* 信用的；信託的，受信託的；受託人的

Fifth Amendment （美憲法）第五條修正案（即不得強迫刑事罪犯自證其罪的規定）

fighting *n.* 戰鬥，博鬥；打架

fighting words 搬弄是非的言詞；挑起爭端的言詞

file *n.* 文件，檔案，案卷，卷宗

file *v.* 歸檔；提出（申請等）；提起（訴訟）；（用電話，電報）發出稿子

file a brief （律師向法院）提出辯護（或提交辯護狀）

file a petition 呈交訴狀；提出請願

file a suit (case) against sb. 對某人提出控告

file an action 起訴

file pleading(s) （常用複數）呈遞答辯狀（起訴書）

filing *n.* 存檔；（訴訟的）提起；文件（整理）匯集

final *a.* 確定的；最後的，最終的；決定性的

finance 財政，財務；金融；（複）財源，資金

financial 財政的，金融的，財務的

financial condition 財政狀況

financial statement 財政報告，財務報表；決算表，資產負債表，借貸對照表

find *v.* 查明，判定，認定；（法官）作出最後決定；裁決；判決；供給；支給

find verdict 作出裁判

find for the plaintiff 作出有利於原告的判決
find guilty 查明有罪，裁決有罪
find innocent 查明無罪，裁決無罪
finding *n.* （複）調查結果；對事實的認定；判定（估計）的要素；驗證；查明；察看；裁決，判定；決定（指審查事實所得的結果，例如陪審團的裁定）；拾得物；發現物
finding of a court 法院裁決
finding of a jury 陪審團的裁決
finding of fact 對事實的認定；對爭論事實的裁決
finding of law 適用法律的裁決
fine *n.* 罰金，罰款；結尾，終結
fire *n.* 火，火災，失火；火刑，火刑烤問
fire fighter 消防人員
firearms 火器，槍炮；（尤指一人攜帶的）輕武器
firm *n.* 公司，商號，商行；堅挺
firm offer 確定的要約（指要約人在要約確定的期限內不得撤回的要約），實盤
First Amendment （美國憲法的）第一條修正案（即保證公民有言論、出版、集會、宗教、信仰的自由和請願權的條款）
first degree muder 一等謀殺罪（指有謀殺故意，情節特別嚴重者）
first hand knowledge 第一手的直接知識，第一手材料
first hearing 第一審
first instance 初審，一審
first reading （國會通過議案時的）首讀，一讀

F

fiscal *a.* 國庫的，國庫歲入的，財政的
fiscal year 財政年度，會計年度，營業年度
fix *v.* 安置；裝；（時，日；價格）；固定；歸罪，歸咎，確定（責任）；懲罰，處罰；（美）賄賂，收買；選擇，決定；修理，補
fixed *a.* 固定的，確定的，不變的；固執的
fixed property 不動產，固定財產
flag *n.* 旗幟；船籍
flexible *a.* 柔韌的，易彎曲的；可變通的，靈活的，有伸縮性的
floating *a.* 流動動的；浮動的；不定的
floating exchange rate 浮動匯率
fluctuation *n.* 波動，漲落，起伏；動搖，不穩定
for instance 例如
for value 具備合法對價，有兌價，有償的
forbear *v.* 權利的暫不行使；克制，忍耐，寬容
forbearance *n.* 債務償還期的延展；忍耐，寬容，克制
force *n.* 武力，暴力；效力；約束力；權力，強力，勢力，壓力
force majeure 不可抗力
force *v.* 威脅；強迫，迫使；強加
forced *a.* 強制的；法定的；強迫的，被迫的；用力的，竭力的；勉強的，牽強附會的
forcible entry 侵入家宅；非法侵入；強行進入他人住宅
foreclose *v.* 取消回贖權（指取消抵押人抵押品的回贖權）
foreclosure *n.* 抵押品回贖權的取消；取消回

贖權的手續

foreign *a.* 外國的，在外國的；外地的，外省的，別州的；管轄外的；法律範圍外的

foreign affairs 外交事務；外交，外事

foreign process 外國訴訟（程序）；管轄權以外的訴訟

foreign relations 外交關係

foreigner *n.* 外國人；進口貨，外國貨，外國船

forensic *a.* 法庭的；屬於法庭的；適於法庭的

foreseeable *a.* 可預見的，可預料

foreseeable damages 可料到的損失

foreseeability *n.* 預知性

forestall *v.* 先採取行動預防或阻止；壟斷

forethought *n.* 預謀

forethought *a.* 預謀的

forfeit *v.* 喪失，失去；沒收；被沒收，被罰

forfeiture *n.* 喪失，沒收，沒收 物；罰金，罰款；權利的喪失

forge *v.* 偽造，犯偽造罪；編造（謊言等）

forge a signature (a check, a banknote) 偽造簽名（支票，鈔票）

forged *a.* 偽造的

forged document 偽造的證件；假造的文件，偽造單據

forged signature 假冒的簽名

forgery *n.* 偽造，偽造罪；偽造 品

forgery of public document 偽造公文書（罪）

forgive *v.* 免除（債務）；寬恕，原諒

form *n.* 體制；形式；形狀，形態；格式；

方式

form *v.* 形成，構成；（使）組成，建立；養成

formal *a.* 正式的，正規的；形式上的；合乎格式的；有效的

formal notice 正式通知書

former *a.* 以前的，從前的，在前的

former adjudication 前判

forum *n.* 討論會，專題討論；公共論壇；法庭，訴訟地，管 轄地；（古羅馬）廣場（或市場）

fourm non conveniens 不便於審理的法院

forward *v.* 促進；發送（貨物等）；轉遞（信件等）

foundation *n.* 基礎，根據；基金 基金會；創辦，建立

founder *n.* 創辦人，創立者，捐造

founding *n.* 棄嬰，棄兒

fractional *a.* 部分的，碎片的；分數的，小數的；零數的

frailty *v.* 虛弱；意志薄弱；因意志薄弱而犯的錯誤

frame *v.* 塑造；設想；誣害，陷害；捏造

framework *n.* 結構；組織，機構；體制

franchise *n.* 特權；特許，專營權，免稅權；公民權（尤指選舉權、參政權）；特權地，避難所；法人團體會員權；保險契約規定的免賠限度；免賠賦予選舉權，賦予參政權；賦予特權

franchise *v.* 賦予選舉權，賦予參政權；賦予特權

F

fraud *n.* 詐欺，欺騙；欺詐行為，行騙的人；騙人的事；詭計
fraud in fact 事實上的詐欺
fraudulent *a.* 欺許的，欺騙的；騙取的；藉以欺騙的
fraudulent act 詐騙行為
fraudulent misuse of funds 詐欺性挪用（侵占）款項
free *a.* 自由的，自在的；免稅的，免費的；不檢點的；豐富的，大量的
free on board 船上交貨，離岸價格
free speech 言論自由
free trade 自由貿易
freedom *n.* 自由，自主；免除，解脫；放肆；自由權
freedom of assembly 集會自由
freedom of association 結社自由
freedom expression 表達自由；言論自由
freedom of movement 遷徙自由，活動自由
freedom of opinion 發表意見的自由
freedom of religion 宗教自由
freedom of speech (and express) 言論自由
freedom of the press 新聞自由
freight *n.* 運費；船舶運費；貨運；裝貨；出租運費
frisk *n.* 搜身
frustrate *v.* 使無效，廢除，廢止；挫敗，阻撓
frustration *n.* 契約的受挫失效；無效，廢除；挫折
fugitive *n.* 逃亡者亡命者

fugitive *a.* 逃亡的；躲避的；流浪的

fulfill (=fulfil) *v.* 履行（諾言，責任等）；完成（計劃，任務等）；達到（目的），滿足（願望，要求等）；執行（命令，決律），實行

fulfill obligation 履行債務

fulfillment *n.* 履行；實現；完成；結束

full *a.* 完全的；正式的；詳盡的，完備的；同父同母的

full faith the credit clause （美）完全誠意與信任（原則）條款（指美國憲法第4條1款規定各州必須承認美國的其他州的立法、公共記錄和司法判決。此原則的含義是一個州必須給予另一州的法院判決以相同的信任。）

function *n.* 功能，職能，機能，作用；職務，職責

functional *a.* 功能的；職務上的；職責的

fund *n.* 基金，獎金，經費；（複）存款，現款

fundamental right 基木權利

furnish *v.* 供應，提供；裝備

furnish evidence 提供證據

further *a.* 進一步的；深一層的；另外的，添加的

future *n.* 將來，未來

futures 期貨，期貨交易

futures contract 期貨契約

Gg

gain *n.* 獲得；營利；增加，增添（複）收益，利潤；獲得物

gamble *n.* 賭博，打賭；投機；冒險

gaming and wagering 打賭

garnish *v.* （甲乙雙方爭訟）傳訊（有關第三者）；通知（受託人）扣押（債務人的財產）；（向第三者債務人）下達扣押金；扣押債務人的財產，扣發債務人的工資；警告（古法律中用語）

garnishment of wages 扣押工資令

gather *v.* 聚集；收集；漸增；恢復；推斷；概括；集中

gazette *a.* （英）政府公報（指政府出版的刊物，一般指倫敦的政府公報，登載法例，法案，公告，官員任命，政府命令等。公報上登載過的文件，根據訴訟證據法，一般法院都可採納，用作證據。）

general *a.* 一般的，普通的；全體的，全面的；總的，大眾的；首席的

General Agreement on Tariff and Trade 關稅暨貿易總協定（為1947年簽定的以統一稅率，消除貿易障礙和差別待遇的國際協定。）

general damages 一般損害賠償費（指法律推定為侵害他人權利時所產生的結果）

general intent 一般的故意

general jurisdiction 一般裁判權，一般管轄權

general principles 總則，總綱

generally accepted 公認的；普遍接受的

get *v.* 獲得，得到；受到（處罰、打擊等）；捕獲；打擊；擊中；殺死；使受傷；（毒品等）使上癮

G

gift *n.* 贈與贈品；捐贈；禮物；授與權；才能，天賦

give *v.* 給，送給；授予，賜予；捐贈；付給；交付，出售；獻出；交上，呈上（文件等）；作出；舉出；表示出；提出（建議的）；對……施行（責罰等），懲罰；課以；產生，引起；發布，宣布，表明；讓步，允許

give security 作保人，提供保證

give up 放棄；停止；把……送交，使（自己）投案；投降

global *a.* 全球的，全世界的

go *v.* 去，離去；走，駛；達到；歸，屬；訴諸，求助（于）；查閱（to）；進行；行動；起作用；做；承袒……責任；放棄，廢棄

go public 攤牌

good *a.* 有效的；良好的；有禮 的，善良的；充分的，合適的

good cause 正當理由

good faith 善意；誠意；誠信

goods *n.* 有體動產；財產；私人財物（尤指動產）；物品，商品，貨物

govern *v.* 統治，管理；支配，指導，影響；抑制，控制，克制；規定；執行

government *n.* 政府，內閣；統治，政體；政治學；行政管理；管理機構；統轄；政權，（統治）權

grace period 寬限期

grammatical *a.* 語法上的，符合語法規則的，文法上的

grammatical interpretation 字義解釋

grand judge 大法官

grand jury 陪審團

grand justice 大法官

grandfather-clause （新頒法律中的）不追溯條款；（美）祖父條款（指美國1890年後南部某些州憲法中從財產和教育方面限制黑人選舉權的一種條款。1915年已廢除。）

grant *n.* 同意，准許；授與 轉讓；授與物，轉讓物；贈款，贈與；轉讓證書

grant *v.* 同意，准予；許可，承認；授予，讓與；租與

gratuitous *a.* 無償的，免費的

gratuitous act 無償行為

grave *a.* 嚴重的，重大的，沉重的

gravity of the offence 罪行的嚴重性，嚴重罪行

gross *a.* 嚴重的；顯著的；粗野的；總的，毛的；整個的，全部的

gross domestic product 國內生產總值

gross negligence 嚴重過失

ground *n.* 地，地面；場所；（問題涉及的）範圍，領域；（研究的）課題；（常用複）根據，理由；論據，原因

groundless *a.* 無根據的，無理由的

grounds of action 訴訟原因，訴訟理由

grounds of decision 到出決定的理由；判決理由

guarantee *n.* 保證人（法律上用 guarantor）；接受保證人；保證，保證書；擔保；保單；擔保品；抵物

guarantee *v.* 保證，擔保；抵押；作保證人

guaranty *n.* 保證書；保證，擔保；抵押物，擔保品

guardian *n.* 監護人，保護人；監視人，守護人

guilt *n.* 罪，犯罪，罪行，有罪；內疚

guilty *a.* 有罪的，犯罪的；自覺有罪的，內疚的

habeas corpus 人身保護令狀（指法院根據被軍警機關非法拘留的人的中請，對軍警機關發出應將該人即送法院處理的命令）（=awrit of habeas corpus）；人身保護法

habit *n.* 習慣，習性，特徵

habitual *a.* 習慣（性）的；以習慣為常業的；慣常的

habitual criminal 慣犯，累犯

half *a.* 一半的；不完全的，部分

halter *v.* 絞死；束縛，抑制

handle *v.* 處理，處置；管理；（美）經銷，買賣

harassment *n.* 折磨；騷擾・侵擾；煩惱；折磨人的東西

harbo(u)r *n.* 隱匿，窩藏（罪犯等）；港口；港灣；避難所

hard *a.* 確定的，不容懷疑的；艱苦的；不友善的，含有故意的

H

hardship *n.* 受苦，吃苦；苦難，困苦

harm *n.* 傷害，損害；危害

harm *v.* 損害，傷害，危害

harmful *a.* 有害的

harmful act 有害行為

harmless *a.* 無害的；無惡意的；無損害的；無辜的

hatred *n.* 敵意；憎恨，憎惡，仇恨

have *v.* 有，包括有，持有，取得；經歷；招致；進行，從事

hazard *n.* 公害（指工業廢氣、廢水等危害）；危險；機會，偶然的事

hazardous *a.* 危險的，冒險的；碰運氣的

head *n.* 頭目；首長；主管；頭（部）；生命；標題；項目
head of the state 國家元首
health *n.* 健康；衛生
health insurance 健康檢查健康保險
hear *v.* 審理，聽審，受理
hear a case 聽審案件；審理案件
hearing *n.* 審訊，審理，審問；聽審，受理申訴；聽覺
hearsay *n.* 傳聞，風聞，道聽塗說
hearsay evidence 傳聞證據（亦稱傳來證據、第三者證據。指證人聽旁人傳說所提供的證據，一般說這種證據不為法院所接受。）
heavy *a.* 重的，重型的，繁重的；大量的，多的；較大的；嚴重的
heir *a.* 繼承人，後嗣
hereditary *a.* 世襲的，祖傳的；遺傳的
heredity *n.* 遺傳；繼承；遺傳特徵；傳統
hereto *adv.* 至此為止，至此
hereunder *a.* （書、文件等中）在下面
hereupon *a.* （書、文件等中）於是，關於這個
heritage *n.* 遺產，繼承財產；世襲財產；長子繼承權
hidden *a.* 隱藏的，暗藏的，隱蔽的，秘密的
hidden danger 隱患
hidden defect 隱藏著的缺陷，隱蔽瑕疵
hierarchy *n.* 等級，等級制度，等級體系，統治集團
hierarchy of norms 規範的等級體
high *a.* 高的，高度的；強烈的；高級的，主

要的，價昂的

high court 高等法院

higher *a.* 較高級的，較高的

higher court 上級法院

highest *a.* 最高的，最高級的

highest court 最高法院

hire *v.* 租用；僱用

historical *a.* 歷史性的

hit *n.* 一擊，擊中；碰撞；諷刺；要求，達到

hit-and-run (= hit-run) *a.* （司機）肇事後即逃遁的；打了人後即逃跑的

hold *v.* 拿，握；支持；抑止，約束；認為，持有（見解等），擁有；掌權；擔任；舉行；（美）扣留，拘留；裁定；用契約約束，依法占有；持續，保持；有效，適用，保留

holder *n.* 持票人，持證人；占有者；持有人；支持物

holder for value 有價證券或契據持有人

holder in due course 正當執票人，合法持有人

holder in good faith 善意占有人

holding *n.* 租借地，占有物；（常用複）擁有的財產（指股票，債券等）；（法院的）裁定；擁有，具有

holding company 控股公司（指以控制股權為目的的投資公司）

home *n.* 家；（美）住宅；本國；庇護所，收容所；產地

homicide *n.* 殺人（罪）；殺人者

honest *a.* 誠實的，正直的，公正的；可信託的；用正當手段獲得的金錢

hono(u)r *n.* 信用；功勛；榮譽；道義；名譽
hono(u)r *v.* 承兌；尊敬；給予榮譽
hospital *n.* 醫院；（鋼筆等小東西）修理商店
host *n.* 主人；旅店老板；（廣播、電視等）節目主持人
host country 地主國
hostage *n.* 人質，作抵押的人；抵押，抵押物
hostile *a.* 敵方的，故意的，敵對的；不友善的
hot *a.* 熱的；激動的；急躁的；緊迫的；極有利的；違禁的；非法的；被警察通緝的；（被竊物品）剛被竊盜的；淫穢的
hot persuit 緊急追補
hotchpotch (hotchpot) *n.* 財產混同（指將各項遺產合併一起，以便在繼承人中進行平均分配）
house *n.* 住宅，房子；機構；所；家庭；議院
House of Lords （英）上議院（元老院、貴族院）
House of Representatives （美、日、 澳、墨等國的）眾議院
household *n.* 家庭，戶，家屬，家務
housing （總稱）房屋，住屋；住房供給；住房建築
human right(s) 人權
humanitarian law 人道主義法
hurt *n.* 危害，損害；傷害；（精神感情上的）創傷

hurt *v.* 危害，損害，傷害；使（感情）受到創傷

hypothesis *n.* 假設，假設（學）說，前提

hypothetical question 假設的問題（指根據假設或已經證明的事實與環境相結合所提出有事實情況的說明，用以提出問題，徵求專家意見）

identifiable *a.* 可證明為同一的，可以辯清的

identification *n.* 鑑定，識別；認定同一，確認，驗明；證件，身分證

identify *v.* 認為……一致；認出，鑑定，鑑別，驗明正身

identity *n.* 一致，同一；本人，本身，正身，正體；（表明姓名、職業等的）身分

illegal *a.* 不合法的，非法的；違例的，違法的

illegal act 違法行為，不法行為

illegal activity 不法活動

illegal consideration 違法約因，違法報酬

illegal search and seizure 非法搜查與扣押

illegality *n.* 違法，不合法；非法；非法行為

illegally *adv.* 非法地，不合法地，違法地

illegally obtained evidence 非法獲得的證據

illegitimate *a.* 非法的，違法的；非婚生的，不符慣例的

illusory *a.* 因錯覺產生的，虛幻的

imitation *n.* 模仿，仿造，偽造

immaterial *a.* 非物質的，無形的；非實質的；不重要的

immature *a.* 發育未完全，未成熟的；幼稚的；幼年的，失成年的；未完成的，不完成的

immaturity *n.* 未成年，未成熟，未成熟行為；幼稚

immediate *a.* 直接的；即時的，最接近的

immigrant *n.* 移民，僑民

immigration *n.* 移民；移居；移居入境

immoral *a.* 不道德的，道德敗壞的，邪惡的，

猥褻的，淫盪的

immovable *a.* 不動的，固定的，無感情的

immovable property 不動產

immovables *n.* （複）不動產

immune *a.* 免除的，被豁免的

immunity 豁免，豁免權；免除，免疫；安全，安全性

impact *n.* 影響，效力；影響力；撞擊；撞擊力；衝擊

impair *v.* 損害，傷害；減少，削弱

impairment *n.* 損壞；身體的損壞，傷害；損失，削弱

impartial *a.* 公正無私的，不偏袒的，公平的

impartiality *n.* 公正無私，公平，公正

impeach *v.* 控告，檢舉，彈動；對……表示懷疑（特指懷疑證人的話），非難，責問

impeachment *n.* 控告，檢舉；彈劾，彈劾權；責問，指責

impediment *n.* 妨礙，障礙；法定 婚姻的障礙，婚姻障礙；身體缺陷；口吃

impediment(s) to marriage 法定婚姻的障礙，婚姻障礙

imperfect *a.* 未完成的，不完美的；法律上不可實施的；未經批准的，不能履行的

implead 依法控訴，控告（尤指 同案控告兩個以上的人）, 起訴

impleader *n.* 控告人 起訴人；要求訟訴第三當事人參加的，訴訟

implement *n.* （蘇格蘭）履行，完全履行；執行，實施；家俱，用具，工具，器具

implementation *n.* 執行，履行； 實施，貫

徹；生效；完成

implement *v.* （蘇格蘭）履行（契約、諾言等），貫徹，完成，實現，生效，實施 執行；供給器具

implicate *v.* 使（某人）牽連（于罪行之中）；推斷；涉及，暗示

implication *n.* 推斷；含蓄之意；暗示，含義；牽連，牽涉

implicit *a.* 暗示的，不言明的；絕對的，無疑的；無保留的

implied *a.* 默示的，暗示的；不言而喻的

implied agreement 默示協定，默示協議

implied condition 默許條件，默認條件

implied contract 默示契約（或準契約，指在契約關係中債務人所作的承諾，雖未明確表達，但依據他簽訂契約的行為或從法律上可予以確定的）

implied power 默示權力

implied ratification 默示批准，默許

implied recognition 默示認可，默示承認

imply *v.* 默示，暗示，暗指，含有…意思，推想，包含，必須具備

import *n.* 進口，輸入；進口貨，輸入品；意義，重要性

import quota 進口限額，進口配額

important *a.* 重要的，重大的，有權力的，有地位的；大量的

impose *v.* 徵（稅）；使他人買受，把……強加於；加（負擔，懲罰）於；利用；欺騙

impossibility *n.* 不可能性，不可能的事

impossibility of performance 無法履行，（契

約等的）履行的不可能性

impression *n.* 印象；效果，影響；印痕，印記；蓋印

imprisonment *n.* 監禁，徒刑，拘禁，坐牢

improbable *a.* 未必會的，不大可能發生的；未必確實的

improper *a.* 不適當的，不合適的；不正確的；不合理的；錯誤的；不道德的；下流的

imputation *n.* 歸屬；歸罪；轉嫁罪責；詆毀；非難；污名

impute *v.* 把……歸因於，把……歸咎於，歸咎於；把……轉嫁給（to）

imputed *a.* 被認為的，被歸咎於關係人（方）的

in a manner prescribed law 依法定程序

in accordance with the law 依法

in consideration of 鑒於，考慮到

in custody 被拘留，被監禁

in defense of 為……辯護，為保證……

in delicto 有過失

in dubio 懷疑，有疑義情況

*in dubio, pars mitior est sequenda. in doubt, the milder course is to be followed.
遇有疑義時應從寬考慮

in dubio, pro reo 遇有疑義時應有利於被告原則（羅馬法上的一個原則，即必須在有罪證明無疑義時才能處罰，否則將認為無罪。這就是現在「無罪推定」的法律淵源。）

*in dubio sequendum quod tutius est. In doubt, the safer course is to be adopted.
在沒有把握時應採取比較穩妥的方針。

in due course 及時地，到（一定的）時候，在適當的時候

in due time 在適當時間

in effect 有效；生效；實際上

in either case （兩種情況中）不論發生何種情況

in equity 公理上；依衡平法

in essence 實質上

in fact 事實上

in force （法律等）有效，生效；大批（地），大規模（地）

in furtherance of 為促進……

in good faith 善意的，出於誠意的；誠實的

in operation 正在實施

in pari delicto 同樣過失，互有過失；同樣有罪
*in pari delicto potior est conditio defendentis. In a case of equal or mutual fauit (between two parties) the condition of the party in possession (or defending) is the better one. 雙方互有過失時，則占有者（或被告）占有優勢。

in person 親自

in personam 對人的；對人訴訟（參見action in personam）

in place of 代替

in pleno 完全

in rem 對物訴訟

in response to 為響應；答覆

in terms of 用……話，以……措詞；按照，根據

in the absence of any other agreement 如無其

他約定

in the absence of other provisions in the law or contract 法律或契約並無另外規定時

in the event of 如果……發生

in view of 鑒於

inadequacy *n.* 不充分，不足額；不適當

inadequate *a.* 不充分的；不適當的

inadmissibility *n.* 不能承認，不能允許，不能接受

inadmissible *a.* 不能承認的，不能接受的，不能允許的，不可作為證據採納的

inadmissible evidence 不可接受的證據

inalienable *a.* 不可讓與的；不可剝奪的；不可分割的，不可分離

inalienable right 不可讓與的權利；自然權利，天賦權利

inauguration 就職，就職典禮，創始，開幕，開幕式

inbound *a.* 歸航的，開往本國的，入境的

incapability *n.* 無能；不勝任；無資格

incapable *a.* 無能力的，無資格的

incapacity *n.* 無能力，無資格

incapacity of minors 未成年人的無資格（或無行為能力）

incarcerate *n.* 監禁，使下獄，禁閉

incarceration *n.* 監禁，下獄，禁閉

inchoate *a.* 才開始的，初期的，不完全的，未發展的

inchoate crime(s) 犯罪未遂

incident(s) *n.* 事變；事件；附屬於財產的權利（或義務）；附帶條件，附屬事物

incite *v.* 鼓動，煽動

income *n.* 收入，收益，所得，進款

income tax 所得稅

incompatibility *n.* 感情不合，不能和諧共處（尤指夫婦關係）；矛盾

incompetence (incompetency) 不勝任；不合適；無行為能力；法律上無資格

inconclusive *a.* 非決定性的；不確定的，無結果的

inconsistency *n.* 前後矛盾（指自相矛盾的行為或言論），不一致（不一致的事物或行為）

inconsistent *a.* 矛盾的，不一致的，不協調的；多變的

incorporate *v.* 編入；使組成法人（社團、公後司等）；合併、混合，結合

incorporated *a.* 組成法人組織的，法人的，合併的

incorporation *n.* 法人；社團；公司；結合，合併

I

incorrect *a.* 不正確的；錯誤的；不適當的

incremental *a.* 增加的，增收的；遞增（工資）的

incriminate *v.* 控告；使入罪；連累（某人）；牽連；歸罪於

incriminating *a.* 歸罪（於某人），的，牽連（某人）的；顯示有罪的

incriminatory (incriminating) *a.* 連累（某人）的；歸罪的；顯示有罪的，使負罪責的

incumbent *a.* 成為責任的，要盡義務做的；在職的

incumbent president 在職總統

incur *v.* 招致，引起，惹起；遭受；負（債）

indebted *a.* 負債的，法律上有義務償還的

indebtedness *n.* 處於負債中，所欠之款，（廣義）所欠

indecent *a.* 粗野的；猥褻的，下流的，有傷風化的；不道德的

indefinite *a.* 不確定的，無限期的

indemnification *n.* 賠償，補償；使免於受罰；保護；賠償物，賠償金

indemnification for loss 損害賠償，損害賠償金

indemnify *v.* 補償損失，賠償；保障，保護；使免於受罰；償付；使安全；使免受傷害損失，保險

indemnity *n.* 賠償，賠款；補償；補償物；免罰，赦免；保護，保障；（對於損害或損失的）保險

independence *n.* 自主，獨立，自立，獨立性

independent *a.* 亂獨立的；自主的；自立的；無黨派的

independent contractor 獨立經營 的承包商，獨立經營的包工工人；獨立承攬人

index *n.* 指標；標誌；指數；索引

indicative *a.* 指示的；表示的；象徵的

indict *v.* 控告；揭發；對……起訴

indictment *n.* 公訴書，刑事起訴書，（大陪審團對某人犯罪的）控告書；控告，告發，起訴，公訴，檢控

indifference *n.* 中立，不偏袒；不無足輕重；冷漠，不關心

indifferent *a.* 不關心的，冷淡的；不偏袒的，中立的

indigenous *a.* 本土的，土生土長的；生來的，固有的

indirect *a.* 間接的；曲折的；次要的，不誠實的

indirect consequence 間接後果

indirect exchange 間接匯兌

indiscretion *n.* 言行失檢；輕率；不慎重，鹵莽

indispensable *a.* 不容爭辯的，不容置疑的，確實的

individual *n.* 個人，個體，獨立單位

individual *a.* 個別的，單獨的，個人的；特別的，有特性的

indivisible *a.* 不能分的，不可分割的

indorsement (= endorsement) *n.* 背書（尤指票據持有人在轉讓票據時，在其票據背面批注並簽章的行為）；簽名；認可；贊同

induce *v.* 引誘，誘發；勸誘；招致

industrial *a.* 工業的，實業的；產業工人的

industry *n.* 工業，產業；勤勞，勤奮

ineffective *a.* 失效的，無效的，效率低的，無能力的

ineligible *a.* 無被選資格的，無資格的，不合格的；不可取的，不適當的

inequality *n.* 不平等；不平衡；不平均；不相等

inequitable *a.* 不公正的，不公平的；偏私的；不一律的

inevitable *a.* 不可避免的，無法規避的；必

然的

infamous *a.* 罪大惡極的，聲名狼籍的，不名譽的；犯有喪失廉恥的罪行的；（因犯重罪）被褫奪部分公權的；（美）被剝奪法律上作證權的

infancy *n.* 未成年，幼年；幼稚期，嬰兒期

infant *n.* 幼兒；嬰兒；未成年（人）

infectious *a.* 有壞影響的；能使成 為非法的；傳染的

inference *n.* 推論，推理，推斷；推斷的結果，結論

inference of law 法律上的結論

inferior *a.* 下級的；劣等的

infirmity *n.* （條例等的）無效；無力；殘疾；虛弱，體弱；缺點

inflation *n.* 通貨膨脹

inflict *v.* 處（罰），加（刑）；予以（打擊）；使遭受（損害）

influence *n.* 影響；勢力；權勢 感化

inform *v.* 告發，告密；訴冤；告知，通知

informal *a.* 缺乏法定形式的，非正式的

information *n.* （由普通合格的官員對一項刑事犯罪提出的）控告起訴書，控告書；通知；報告；情報；資料；消息；信息；知識

infra 在下，以下

infrastructure *n.* 基礎結構，基本設施

infringe *v.* 破壞；侵犯，侵害；違背，違反

infringe a right 侵犯權利

infringe upon the right of 侵犯……的權利

infringement *n.* 侵害；侵犯；觸犯；違反；冒用商標；侵犯版權

ingredient *n.* 成分；因素；組成部分，配料
inhabitant *n.* 居民，常住居民；住戶
inherent *a.* 內在的，固有的；先天的，生來的
inherent cause 遺傳因素；附帶原因
inherent defect 固有瑕疵，固有缺
inherent power 固有權力
inherent right 固有權利
inherit *v.* 繼承；享佰；接受遺產；成為繼承人
inheritance *n.* 繼承（財產）；繼承（權）；遺產；遺贈；繼承物；遺傳
inhibition *n.* 禁止，制（禁）止令；中止訴訟令；抑制
inhibitor *n.* 制止者，禁止者，抑制人
inhuman *a.* 非人道的，不人道的；殘忍的
inhuman treatment 非人道待遇
initial *a.* 創議的；最初的，開始的；字首的；首創的
initiate *v.* 創議；開始；創始；發動，發起；正式介紹，引進
initiate legal proceedings 提起訴訟
initiate proceedings against 對……提出控告
initiation of proceedings 提起訴訟
initiative *n.* 創制權；創始，主動力，積極性；動議權；優先權
initiator *n.* 創議人；發起人，創始人；傳授者，教導者
injunction *n.* 命令；（由法院發出的帶有強制性的）禁止令，強制令，指令
injure *v.* 傷害，損害，毀壞，使受冤屈

I

injured *a.* 受害的，被害的

injured party 受害人，受害一方，受害者

injurer *n.* 加害者，傷害者，施害者，毀壞者

injury *n.* 侵害，傷害，損害；冤屈；受傷處

injustice *n.* 不公正，不公平；權利侵害；不法行為；非正義（行為）；不公正行為

*Injustum eat, nisi tote lege inspecta, de una aligua ejus particula proposita judicare vel respondere. It is unjust to decide or respond as to any particular part of a law without examining the whole of the law. 不考慮整個法律而只依據該法律的某一規定或只對該法律的某一規定負責，這都是不正確的。

innocence (not guilty) *n.* 無罪；無罪的人，清白無辜者

innovation *n.* 創新；改革；刷新；新事物；新方案

innuendo *n.* 文件中的附註句（尤指被稱為誹謗性詞句的註釋；（訴訟中的）註釋

inquire *v.* 詢問；調查；查問；查究；審查

inquirer *n.* 詢問，打聽；調查；探索；查究；審查

inquiry *n.* 詢問，打聽，調查，探索，查究，審查

inquisition *n.* 勘驗，訊問，審理；（宗教法庭的）嚴厲刑罷；陪審團的判決；審訊，徹底調查；（大寫）（羅馬天主教的）宗教裁判所

inquisition procedure 預審程序

inquisitor *n.* 審問官，調查官；（大寫）宗

教裁判官

inquisitorial *a.* 審問官（似）的，調查官（似）的；有關審問的，有關調查的

insane *n.* 精神病患者；瘋子

insane at time of offence 犯罪時患有精神病者

insanity *n.* 精神錯亂，精神病；瘋狂；心神喪失；蠢行，蠢事

insider *n.* 知情人；熟知內情（團體、組織等）的人；局中人

insider dealing 秘密交易

insolvency (or bankruptcy) *n.* 破產

insolvent *a.* 破產的，無力還債的

inspect *v.* 檢查；監察，視察，調查，審查

inspection *n.* 檢查；監察；國內調查；驗屍

inspection of documents 對文件的審查，文件審查

inspection of property 查勘財產（指法官查勘所審理的案件中與爭議有關的土地或建築物，亦可授權給陪審團去查勘）

inspector *a.* 檢查員，檢驗員，觀察員，監察員，稽察員，視察員；督察，巡官；督學

installation 就任，就職；安裝，安置；設備，設施

instal(l)ment *n.* 分期付款（指分期付款購買商品，在第二次付款後商品即歸買主所有的一種賒購方式。參見hire purchase）；分期分批；就職；裝設；安頓

instal(l)ment contract 分期分批履行的契約

instal(l)ment delivery 分期交貨

instal(l)ment payment 分期付款

instance *a.* 例子，實例；要求，建議；訴訟

程序（手續）；情況，吻合；階段，步驟

instant *a.* 緊迫的，刻不容緩的；立即的，直接的，本月的（用於商業或公函中）

instigate *v.* 教唆，煽動，慫恿；鼓動

instigation *n.* 主使，教唆；煽動

instigator *n.* 教唆犯，教唆者，煽動

instinct *n.* 本能；天性

institute *n.* （複）法學概要，法律原理（舊譯：法學階梯）；學會，協會，學院，會址；原則，規則

institute *v.* 建立，設立；制定；開始，創立，著手；任命

institute an action 起訴

institute (or take) legal proceedings against... 對……提起訴訟

institute penal proceedings 進行刑事訴訟

institute prosecution 提起公訴

institution *n.* 建立，設立，制定；制度，慣例；條例；協會，學校，（福利、慈善、醫……）院；機構；事業單位；團體；風俗，習慣

institution of proceedings 起訴

institutional *a.* 組織機構的，制度的，公共機構的，社會事業的

instruct *v.* 託辦（指把事物告訴他人，委託他人去辦理。如託辦人委託律師，律師委託他人去辦理文件或訴訟辯護等等）；指導，指示；通知；命令；教育；訓練

instruction *n.* 教育，訓練，教導；（複）指令，命令；說明書（指由法官就案件涉及的法律方面問題給陪審團的說明或指示

instructor 指導者，教員，（美）講師
instrument *n.* 文件（指書面的正式法律文件。包括契據、遺囑、合約、紀錄、匯票等）；（正式）文件，證券；手段；工具
insufficiency *n.* 不足，不充分，缺乏
insufficient *a.* 不足的，不充分的；不能勝任的
insufficient evidence 不充分的證據
insufficient quorum 不足法定人
insult *n.* 侮辱；無禮，侮慢
insult *v.* 侮辱；損害；冒犯；蔑視；攻擊，刺擊
insurance *n.* 保險，保險業；全保障；保險金額；保險額，險費；保證
insurance against all risks 保全險
insurance amount 保險金額
insurance certificate 保險憑證，保險證書；分保單
insurance claim 保險索賠，保險賠償請求權
insurance company 保險公司
insurance contract 保險契約
insurance coverage 保險範圍，保險項目
insurance law 保險法
insurance premium 保險費
insure 保險；保障，保證
insured *a.* 保險的
insured object 保險對象
insured person 被保險人
insured property 保險財產
insured sum 保險總額
insurer *n.* 保險人，承保人；保險公司

intangible *a.* 無形的，無實體的
intangible assets 無形資產
intangible property 無形財產
intangible right 無形權利
intangibles *n.* 無形物
integrated *a.* 成為整體的；綜合的；統籌的
integration *n.* 結合，綜合成為整體，集成，一體化，合而為一；取消種族隔離
integrity *n.* 完整，完善，完整性，無缺；正直，廉正
intellectual *a.* 智力的，理智的，用腦筋的，需智力的
intellectual property 智慧財產權，智力財產，版權
intelligence *n.* 情報，消息，智力的，才智；情報人員；情報交換
intend *v.* 想要，打算，意旨
intended *a.* 故意的，有意的；有計劃的；未來的；未婚的
intent *n.* 意圖，故意；目的；計劃，意義
intention *n.* 蓄意（文件等的）含義；意圖；意向；目的
intentional *a.* 故意的，有意的
intentional act 故意行為
intentional tort 故意的侵權行為
inter 中間
inter alia 除了別的以外；在其它事物中；特別是；其中包括

*Inter arma silent leges. In time of war the laws are silent. 在戰爭或內亂期間，法是無能為力的。

inter partes 在當事人之間

inter se (or inter sese) 在他們之間，在一組成員之間（以區別於其他人之間）

intercede *v.* 代為求情；從中調停

intercession *n.* 仲裁；調解；說情；從中調停

interdict *n.* 禁令；禁制；禁止；停止宗教教權

interdiction *n.* 禁止，制止；禁治產

interdictum 令狀

interest *n.* 利息；利益；權益；股權；利害關係；重要性；組織；行為，勢力；財產；所有權；附加物

interest due 到期利息

interest per annum 周年利息

interest rate 利率

interested *a.* 有利害關係的；有股份的；偏私的，不公平的

interfere *v.* 干涉，干預；發生衝突；與……牴觸；妨害，妨礙；仲裁，調停；（美）對專利權提出爭議

I

interference *n.* 干涉，干預，衝突，抵觸；妨害，妨礙，打擾；仲裁，調停；（美）專利權請求的糾紛

interference with family relations 妨礙家庭關係

interference with right of privacy 妨害私人秘密，干預個人隱私

interim *a.* 暫時的，臨時的；暫行的；期間的，期中的，過渡期間的

interlocutory *a.* 對話的；臨時的，非最後的，中間的；（法院發出的）臨時性命令

的：間裁決的（參見interlocutory decree）

intermeddling *n.* 多管閒事；干涉他人（事務）

intermediary *n.* 中間人，調解人，媒人；媒介物；手段，工具

intermediary *a.* 中間的，居間的，媒介的

intermediate *a.* 中間的，居間的；中級的

internal *a.* 內部的，國內的，內政的；內在的，本質上的

internal 內部事務

internal auditing system 內部（財務）審核制度，內部審計制度

internal control system 內部管制制度

Internal Revenue Services （美）地稅務局

International Civil Aviation Organization 國際民用航空組織（為1944年《國際民用航空公約》的常設機構）

International Court of Justice （聯合國）國際法院

International Criminal Court 國際刑事法院

international financial institution 國際金融機構

international humanitarian law 國際人道主義法

international institution 國際機構

International Monetary Fund 國際貨幣基金會

international organization 國際組織

international peace and security 國際和平與安全

international private law （現多用private international law）國際私法

international public law （現多用public international law）國際公法（通稱國際法，稱國

I

際公法乃用以區別國際私法）
international relation 國際關係
international standards 國際標準（規格），國際準則
international status 國際地位
international supervision 國際監察，國際監督
international trade law 國際貿易法
international transaction 國際事務
international treaty 國際條約
interplead *v.* （提出債權等要求的）互相訴訟
interpleader *n.* 互相訴訟，互爭權利的訴訟；互相訴訟者
interpret *v.* 解釋，註釋；說明；翻譯，通譯
interpretation *n.* 解釋，註釋，闡明；解釋條款，對法律的解釋；法律上的解釋；翻譯，通譯
interpreter *n.* 解釋者；翻譯，譯員
interrogate *v.* 審問，審訊；質問，詳問；提出一連串的問題
interrogate a witness 訊問證人
interrogation *n.* 訊問，容問；詰問；被審訊
interrogatory *n.* 訊問，質間，疑問；（複）書面質問（指訴訟中當事人一方提出的需對方回答的書面疑問）
interrupt *v.* 打斷，中斷；打擾，妨礙；使中斷
interruption *n.* 中斷，阻礙；被中斷的事物；中斷期，休止期；時效中斷
interstate *a.* 國與國之間的；（美）州際的，州與州之間的
intervene *v.* 干預，干涉；介入，插手，調

I

停；（第三者為自己利益）參加訴訟

intervener (intervenor) *n.* 介入訴訟人；調停者；干涉者

intervening *n.* 干預，干涉，介入；調停

intervening act 干預行為，介入行為

intervening force 干預力

intervention *n.* 干涉，調停，介入，參與；參與訴訟（指在訴訟審理過程中法院允許第三者介入作為當事人）

intestate *a.* 未留遺囑的；未按遺囑處分的

intimacy *a.* 親近的行為（如吻或撫摸等），親密；隱私，秘密；熟悉

intimate *a.* 親密的；親切的；私人的，個人的；內心的

intimidate *v.* 恐嚇，威脅；使恐懼

intimidation *n.* 恐嚇，威脅

intolerance 不容他說；偏擇；不能容忍，不寬容

intoxicant *a.* 痲醉的，中毒的，使醉的

intoxicated *a.* 醉酒的，酗酒的

intoxication *n.* 醉酒，酒精中毒intra vires在權限內（與ultra vires相對）

intricate *a.* 錯綜複雜的，糾纏不清的，頭緒紛繁的；難懂的，難了解的

intrigue *v.* 陰謀策劃；用詭計取得，吸引，密謀；私通

intrinsic *a.* 內在的；固定的，本質的

intrinsic value 內在價值，固有價值（指財產）

introduce *v.* 引進，輸入；介紹，推薦；採用；提出（議案等）

introduction *n.* 介紹，推薦，引進，輸入；傳

入；採用，使用；導言，導論；入門（書）；說明書

intrude *v.* 侵入，闖入；侵擾；非法占領；強使他人採納

intruder *n.* 闖入者，侵犯者；妨礙者

intrusion *n.* 侵擾，闖入，非法進妨礙，強使採納

intrusive *a.* 闖入的，侵入的；干涉的，妨礙的

invade *v.* 強入；侵犯，侵略，侵襲，惜茫害；干擾

invader *n.* 強入者，侵犯者，侵略者，干擾者

invalid *a.* （法律）無效的，無效力的，作廢的

invalid contract 無效契約

invalidate *v.* 使無效，使無效力；使作廢；使無價值

invalidation *n.* 無效，作廢

invalidity *n.* 無效力；喪失工作能力（指病殘）；虛弱

invasion *n.* 入侵，侵略；闖入，侵犯，侵害；干預

invasion of privacy 干預個人事務，干預他人私生活

invasion of sb's right 侵犯某人權利

invention *n.* 發明；創造；發明物；創作能力；虛構，捏造

inventor *n.* 發明入，發明家，創造者

inventory *n.* 詳細目錄，財產目錄，存單，清單；盤存；存貨

invest *v.* 授權給；投資；花費，（以正式儀式）使就職
investigate *v.* 偵查，審查，調查；研究
investigation *n.* 調查，證據的調查；偵查；研究
investigator *n.* 審查員，偵查員，調查員，預審員
investment *n.* 投資，投入資本；正式授權，正式就職
investment company 投資公司
investor *n.* 投資者，客商；授權者
inviolability *a.* 不可侵犯權，不可侵犯性；神聖不可侵犯
inviolable *a.* 不可侵犯的；神聖的
invisible *a.* 隱避的，無形的；未列在帳上的
invitation *n.* 邀請，招待；請帖；吸引
invitation to offer 要約（的）引誘
invitee *n.* 被邀請者
invoice *n.* 運單；銷貨發票，貨物的託運
invoke *v.* 援引；行使；實行；引起，產生；懇求
involuntary *a.* 非故意的；偶然的；無意識的；非出於自願的，非本意的
involuntary act 無意行為
involuntary dissolution 強制解散
involve *v.* 包括；使捲入，使陷入；拖累，影響，牽連
involvement *n.* 捲入，參預，牽連到的事物，複雜的情況；經濟上的困窘
irrebuttable *a.* 不能反駁的（證據等）；不容置疑的

I

irrebuttable (or conclusive) presumptions 不容置疑的法律推定（指不允許用任何證據反駁的一種推定，如八歲以下兒童推定為無犯罪能力，即屬此類推定。）

irregular *a.* 不規則的，無規律的；非正式的，非正規的；不合道德的，不合法的，不正當的；不正常的

irrelevant *a.* 無關的，不相干的，離題的

irreparable *a.* 不可彌補的，不可挽回的

irreplaceable *a.* 不能恢復原狀的；不能替代的；無法彌補的

irresistible *a.* 不可抗拒的；不能壓制的

irresistible force 不可抗力

irrevocable *a.* 不可撤銷的；最後的，不可廢止的，不可故變的

isolate *v.* 隔離；孤立

isolation *n.* 隔離，孤立；脫離

issuance *n.* 發給，發行，頒布

issue *n.* 爭論點；爭端；爭議的問題；被扣押房地產收益（指對從前的土地房屋在被法庭強制扣押令執行後所得的收益）；子女，後嗣，直系血親卑親屬；結果，結局；發行；發行物

issue *v.* 發表；發行；發佈；發給

issue a summon 發出傳票

issue a warrant 發出逮捕證

issue a writ against sb. 傳訊某人

issue an order 發佈命令

issue opinion 發表（尤指判決的）意見

issued *a.* 已發行的，已發出的

issued shared capital 已發行的資本
issuer *n.* 發行人：發布人（機關）

jail *n.* 監獄
jay-walker *n.* （不遵守交通規則）穿越馬路者
jaywalking *n.* （不遵守交通規則）穿越馬路
jealousy *n.* 妒忌，嫉妒；猜忌，謹慎戒備
jeopardise (jeopardize) *v.* 使受危害；使陷入危險，危及，危害
jeopardy *n.* 危險，危難；（刑事案件中被告自的）危險處境
job *n.* 工作，包工，零活；職責，任務；（美俚）犯罪行為（尤指偷竊）；（假公濟私的）營利事業
join *v.* 結合；參加；使締結，使聯姻；伴同，隨同；毗連，接近
join force (with) （與）合作，聯合行動
joinder *n.* 連合，結合；共同訴訟，聯合訴訟，合併訴訟，對他方提出的爭論點的接受（參見non-joinder）
joint *a.* 共同的，共有的；連帶的；聯合的；同時的
joint account 共同帳戶（指兩人共有的銀行帳戶）
joint act (or conduct) 共同行為
joint action 聯合行動；共同訴訟
joint and several 共同的和個別的；連帶的（參見jointly and severally）
joint and several liability 連帶責任，幾個債務人的連帶責任（參見jointly and severally）
joint tortfeasors 共同侵權人，共同侵權行為人（指共同或單獨侵害他人的人身或財產，而發生同一損害結果的人），共同過失責任人

J

joint venture 聯合企業；（中）合營企業，合資經營企業；臨時合夥，技術合作

journal *n.* （立法機關等的）議事錄；日誌；航海日記

journalism *n.* 報刊（總稱）；新聞業，新聞出版

judge *n.* 審判員，裁判員；法官，審判官，推事；檢察官，審察官；裁判人，評判人；（大寫）最高審判者（指上帝）

judge *v.* 審判，裁判，審理；判決；裁定，判斷，斷定；鑑別，鑑定；作出裁判，作出判決；當法官

judg(e)ment *n.* 審判，裁判，裁定，判決（指刑事或民事訴訟的法庭的裁定、決定或判決）；判斷，鑑定，評價；意見，看法；批評，指責

judg(e)ment affirmed 維持原判

judg(e)ment against the plaintiff 原告敗訴的判決

judg(e)ment for the plaintiff 原告勝訴的判決

judg(e)ment of final instance 終審判決

judg(e)ment of first instance 初審判決

judge-made law 判例法，法官（制定）法（同judge made law）

judicial *a.* 司法的；審判上的，法官的，法庭的，援院判決的；法官身份的；公正的

judicial branch 司法部門

judicial independence 司法獨立（性）

judicial opinion 司法見解

judicial power 司法權，審判權

judicial review （美）司法審查（指法院審查

法律是否合乎憲法及政府官員的行為是否違憲）；司法檢查

judiciary *n.* （大寫）司法部；（總稱）法官，審判員；法院系統；司法機關；司法制度
*jura novit curia. The court knows the laws. 法院是諳知法律的

juridical entity 法人實體，法人單位，法律實體

juridical person 法人

Juris Doctor 法學博士

jurisdiction *n.* 司法權，裁判權，審判權；管轄，管轄權；管轄區，管轄範圍；權力，控制

jurisdiction in personam 對人管轄權

jurisdiction in rem 對物管轄權

jurisdiction of the court 法院管轄（區），法院審判權，法院權限

jurisdiction quasi in rem (or quasi-jurisdiction in rem) 準管轄權，準對物管轄權

jurisprudence *n.* 法學，法理學，法哲學，法律學（指研究法律原理和現象的科學）；法學的一個部門（如民法，刑法，訴訟法等）；一種法律制度；法律體系；（法院的）裁判規程，判決錄，判立法；法院的裁定（尤指複審裁定）

jurist *n.* 法（理）學家；律師；法官；法律學者

juristic(al) *a.* 法律的，法學的，法科的，法學家的；合法的，法律上所承認的

juror *n.* 陪審員，陪審官；宣誓者；審查委員，評判員

jury *n.* 陪審團（指依法選出一定數目的男女陪審員組成的各種陪審團，其職能是，經過宣誓，調查案件的事實；根據證據，宣布事實的真實性）。大陪審團「grand jury」，小陪審團「petit jury」，普通陪審團「common jury」，專門陪審團「special jury」，司法行政官員（的）陪審團「sherif's jury」，驗屍官（的）陪審團「coroner's jury」；（行政上的）評判委員會

jury system 陪審制

jus cogens 強制性法規；絕對法（指在國際法之外，存有一項「最高規範」不容違反。）

jus gentium (law of nations) 萬民法（國際法最早名稱，原屬羅馬法的一部份，系市民法的對稱）

jus sanguinis 血統主義（指以父或母的國籍為子女的國籍的原則）

jus soli 出生地主義（指以出生地的國籍為出生嬰孩國籍的原則）

just *a.* 公義的；公正的，正直的，公平的；合法的，正當的；確當的，精確的；應當的；應得的；有正當的理由的

just cause 合理訟因；正當理由；合法理由

justice *n.* 公義，公正，公正原則，公平；公道，公理；（英）高等法院法官，（美）最高法院法官；司法審判，法律制裁；法官，治安法官；正當理由；合法；正確，確實；公平處理，公平待遇，應得的獎賞或懲罰

justifiable *a.* 正當的，不可非議的，可辨明的，有理由的

justification *n.* 理由正當，理由；辨明；不罰

行為，無過失；證明適當（指承認對方所控訴的事實，但用所作行為是正當和合法作為理由來加以辯護）；（神學上）釋罪

justify *v.* 證明……是正當的（或有理由的）行為；證明合法；為……辯護；證明確有其事；認為無罪

juvenile *n.* 少年，未成年人

juvenile *a.* 少年的，未成年的

juvenile court 少年法院（庭），少年犯法庭，（美）未成年人法院

keep *v.* 保持；保有；履行，遵守；看守；拘留；贍養，扶養；經銷；管理，經營；防止，預防（from）

key *n.* 鑰匙；（解決問題的）線索；秘訣；關鍵，要害

key *a.* 主要的，關鍵的，基本的

kill *v.* 殺死，扼殺；阻擋，使議案不能通過；取消，刪去，抵銷；壓制，制服

kin *n.* 家族；家屬；親戚；親戚關係

kind *n.* 種，類屬；性質，本質；實物

knock-out *n.* 拍賣勾結；致命打擊

knock-out *a.* 勾結拍賣的；使昏迷的

knowingly *adv.* 心照不宣地；故意地；有意地

known danger 已知危險

label *n.* （文件等）簽條，標簽；標記，符號

label *v.* 標定，指名；……戴上帽子；稱……為

labo(u)r *n.* 勞動，工作；勞動力，勞方

lauo(u)r court 勞資爭議法庭

lauo(u)r disputes (between employers and employees) 勞資糾紛，勞資爭議

labo(u)r *v.* 勞動，勞作；分娩，陣痛；過於詳細地分析（解釋）

laches *n.* （對行使權利的）疏忽，懈怠；遲延，遲誤

lack *n.* 缺乏，不足；缺少的東西；需要的東西

land *n.* 土地，陸地；國土，國家（複）地產，田產，所有地

land registry 土地登記處

land right 土地權，地產權，地畝權

land sale 土地買賣，土地出售

land transaction 土地交易

land transfer 土地轉讓

landlord *n.* 地主；地主分子；業主

landlord and tenant 地主和佃戶（土地租借人）

landowner *n.* 土地所有人；地主

language *n.* 語言，語文；使用語言能力

lapse *n.* （未履行義務所引起白動權利終止）權利失效；失效（一般指受遺贈人在立遺囑人未死亡之前死亡時遺贈的失效）；失誤；失檢，小錯

lapse of time 時效終止

L

lapse *v.* 背離；陷入；因失效而轉歸；權利終止，消失

larceny *n.* 竊盜罪；非法侵占他人財產

last clear chance doctrine 最後明顯機會原則（指交通法中損害雖由於原告過失造成，但被告駕駛員見到原告處於危險境地，有最後防止損害的明顯機會，而讓其發生，仍應負賠償責任的原則。）

last instance 終審

last opportunity （原告獲得賠償的後機會）

last resort 最後手段；終審，終審判決

last will 臨終遺囑

latent *a.* 潛在的，潛伏的；隱而不見的

latent ambiguity 隱晦不明處（指法律文件的文句隱晦不明、曖昧不清）

law *n.* 法律，法令，法；法學；法律知識；司法界，法律行業；訴訟；起訴，控告；法則，定律，規律；（英）成文法和習慣法

law and order 治安；法律和秩序

law enforcement 法律的實施，法律的執行

law firms （英）法律事務所

law of causality (或causation) 因果關係法則，因果律

law of civil procedure 民事訴訟法

law of criminal procedure 刑事訴訟法

law of equity 衡平法

law of nations 萬國公法，國際法（為international law的舊稱）

law office （美）律師事務所；法律顧問處

law review 法律評論

law school 法學院，法律學校；法律學派

law-abiding *a.* 守法的，安分守已的，守秩序的

law-breaker *n.* 違法者

law-maker *n.* 立法者

law-making *a.* 立法的，制定法律的

law-making organ 立法機關

law-making power 立法權

lawful *a.* 合理合法的，法定的；守法的；法律許可的；依法的（lawful意為「合乎或不違反國家的法律，教會的戒律或道德的標準」與legal，legitimate有一定差別）

lawful arrest 合法拘捕，依法拘捕

laws *n.* 法律，法規；法治

lawsuit *n.* 訴訟，訴訟案件（又譯：官司）

lawyer *n.* 律師，辯護律師；法學家；（英）法律工作者

lay *n.* 位置，地形；行業，職業；行動計劃，著手；（銷售）條件；價格；打賭，賭注；抽稅；加罰

lay *a.* 外行的，非專業的；世俗的；平民的

lay judge （未經過專門法律訓練的）非專業法官

lead *n.* 領導，引導，指揮；用誘導法訊問（證人等）

leader *n.* 領袖；領導者；首席狀師，（一個案件中的）主要法律顧問，主要辯護人

leading *a.* 第一位，最主要的；指導的

leading case 判例，成為判例的案件，有判例效力的案件

lease *n.* 租，租約；租借期限；租借權·租地權；租借物

lease agreement 租約

lease contract 租賃契約，租契

lease term 租期

lease terms 租借條件

lease with option to purchase （承租人）有權購買（所租財產）的租賃

lease *v.* 出租（土地等），租借

leasee *n.* 承租人，租借人

leasehold *n.* 租賃權；租借的土地（或建築物）；租借期；（複）租借土地保有權

leave *v.* 留置；遺忘；聽任；離開；（死後）遺留，遺贈，傳下；付託，委託；剩餘；遺棄；放棄；停止

legal *n.* 法定權利；法定聲明（指必須依法登報的聲明）;（複）（儲蓄公司或信託公司等）依法可以用來投資的證券

legal *a.* 依法的；法定的，法律承讓的；合法的；律師的；正當的；法律（上）的（legal意為「合乎國家正式頒布的法律許可的」，可參看lawful與legitimate）

legal action 合法行為；訴訟，爭訟

legal advice 法律諮詢

legal adviser 法律顧問

legal basis 法律根據

legal capacity 權利能力，法定身份（或資格）

legal capactity to make contracts 立約的權利能力

legal capactity to sue 訴權，（向法院）起訴的權利（或資格）

legal cause 法律原因，近因

legal dispute 法律糾紛

legal entity　實體；法人

legal ground　法律上的依據法理由

legal person　法人

legal personality　法人資格；法律上的人格

legal precedent　判例

legal presumption　法律推定

legal procedure　法定程序，法律程序

legal proceedings　法定程序，訴訟程序；（法律）訴訟

legal profession　律師界；法律界；法律專業

legal remedy　法律補償，法律補 救辦法

legal system　法則，法律制度；法律體系

legal tender　法定貨幣（又譯法幣）

legal terminology　法律術語

legal title　法定所有權，合法所有權

legality *n.*　法制；合法，合法性；墨守法規；（複）（法律上的）義務

legalize *v.*　使合法化，法律上認可，使符法律，使成為法定

legally *adv.*　法律上，台法地，法定地

legislate *v.*　制定法律，立法

legislation *n.*　立法；制定法，法規．法制；立法機關審議事項

legislative *n.*　立法機關；立法權；立法

legislative *a.*　立法的；有立法權的；立法機關的；由立法機關成員組織的；根據法規執行的，起立法作用的；立法機關創立的

legislative history　立法史

legislative power　立法權

legislator *n.*　立法者，立法機關成員；立法委員；議員

L

legislature *n.* 立法機構，立法機關
legitimacy *n.* 合法性，正統性；婚生
legitimate *v.* 使合法；宣布……為合法；給……合法地位；為合法婚姻所生，立為嫡嗣
legitimate *a.* 合法的；正統的；合理的，正當的（legitimate指根據法律、公認權威與準則為正當的，可參見lawful，legal）
legitimize *v.* 使合法化；給予法律保障；認領為婚生子女，立為嫡嗣；給以合法地位；證明……合法
lend *v.* 借出，提供，貸（款）；出租；貸給
lender *n.* 貸與人，貸方，出借者
lending *n.* 出借，出租，出借物，租借物
length *n.* 長，長度，（時間的）長短，期間
leniency *n.* 寬大；寬恕，仁慈
lenient *a.* 寬大的；仁慈的
lessee *n.* 承租人，租用人，租戶；租地人
lessor *n.* 出租人
lethal *a.* 致命的，致死的；毀滅性的
letter *n.* 證書；許可證；書信；通知書；字母，字面意義；出租人
letter of advice （匯票、發貨等）通知書（單）
letter of confirmation 確認書，證實書
letter of intent 草約，意向書
letter of recommendation 推薦書，介紹信
level *n.* 級別；地位；標準；水平（線），程度
levy *n.* 扣押，扣押財產；徵集，徵集的兵額；徵收，徵稅，徵收額
levy taxes on 對……抽稅，徵稅
lex 法，法律；法律實體

L

Lex fori 審判地法，法院（庭）地法
lex rei sitae 物所在地法
liability *n.* 責任；義務；負擔；不利，缺點；（複）債務；負債；賠償責任
liability without fault 無過失責任
liable *a.* 有（法律）責任的；（財產等）可受（法律）處理的；應受罰的，應付稅的，有義務的；可能遭受的
libel *n.* 誹謗，誹謗罪；文字誹謗，書面誹謗；原告的訴狀
libel(l)ous *a.* 誹謗的 誹謗性的，中傷的；受誹謗的
liberal *a.* 自由主義的；寬大的；慷慨的；充分的；不嚴格的，不受約束的；不拘泥字句的
liberal construction 任意解釋，擴大解釋，廣義解釋
liberal interpretation 任意解釋，擴大解釋，廣義解釋
liberalization *n.* 自由化
liberalization of trade 貿易自由化
liberalize *v.* 使自由主義化，使自由化；放寬……範圍（或限制）；解除……控制
liberty *n.* 自由，自由權；自由區域，特許區域（尤指英國一些城市中享有某種司法、行政特權的區域）；（複）特權，特典
liberty of speech 言論自由
liberty of the press 出版自由
licence (license) *n.* 許可，特許，認可；許可證，特許證；執照，牌照；特許權
licensee (licencee) *n.* 許可證接受人，被許可

人；領有執照者

licensor (licenser) *n.* 許可者；頒發許可證（或執照）者；有權批准執照的人

lie *v.* 展現，伸展；處於某種狀態；存在，所在；（船）停泊；成立；（案件）可受理；說謊，欺騙，作假

lien *n.* 留置權；抵押權，質權

life *n.* 生命，性命；一生；生存；生計；生活

life estate 終生財產

life insurance 人身保險，人壽保險

life sentence 無期徒刑

lift *v.* 提高，使升級；（美）贖（典當物）；償付；扒竊，剽竊；解除（禁令），取消

light *n.* 光，光線日光；採光權（又譯：光線不受阻礙權，指他人不得用建築物等遮蔽權利享有人的窗戶光線）；白天，白晝；明白，見解；名家，權威，著名的人

light *a.* 輕的；輕微的；容易坦承的；少量的；不重要的

light offense 輕罪

light punishment 輕刑，輕刑罰，輕的懲罰

light sentence 輕判

limit *n.* 界限，界線；限定，限制；範圍，限度

limit *v.* 限定，限制；確定，確切指派

limitation *n.* （法定的）提起訴訟的限期；訴訟時效；時效，（法律規定的）有效時期；限度，限制，局限；限制因素

limitation of libility 責任限度，責任範圍

limitation of time 時效

limitation period 時效期限
limited *a.* 有限制的，有限度的；有限責任的；特別的
limited liability 有限責任
lineage *n.* 血統，世系
lineal *a.* 直系的，世襲的，繼承的；屬同一世系的
lineal ascendants 直系尊親屬
lineal descendent 直系卑親屬；直系後裔
liquid *a.* 流動的，不穩定的；易
liquid assets 流動資產
liquid capital 流動資本，活動資本
liquidate *v.* 消失，清除；清償，了結（債務）；清算，（破產企業等的）清理；將資產變換現金
liquidated *a.* 已清算的，已清償的；已付清的
liquidated damages 已判定的損害賠償金，協定的損害賠償金，預定違約金
liquidation *n.* 清理，清算；清償，了結；（資產的）變現
liquidator *n.* 財產清算人；破產管理人；清算人，（公司的）帳目清算人
listed *a.* 掛牌的；已列表的
listed bonds 掛牌債券
listed companies 登記合格公司，註冊公司
listed securities 上市證券，掛牌證券
listen *v.* 聽，留神聽，聽信，聽從
literal *a.* 文字上的，字面的，逐字的
literal interpretation 字面解釋，文字解釋
litigant *n.* 訴訟當事人

litigate *v.* 訴諸法律（又譯：打官司）；訴訟，爭訟

litigation *n.* 訴訟，起訴（又譯：打官司），爭訟

livestock *n.* 牲畜，家畜

living *a.* 現行的，現存的；起作用的；使用著的；生活的，維持生活的

living condition 生活狀況；居住環境

living constitution 現行（的）憲法

loan *n.* 借，借入，借出；貸款，貸金；公債；借出的東西

lobby *n.* 休息室；（英）下議院民眾接待室；（美）院外活動集團（亦稱「第三院」，指美國壟斷組織為收買或促使議員使立法為其服務所派的專人和設的專門機構，因活動在走廊、休息室而得名。）

local *a.* 地方的，當地的；本地的；局部的，一部分的

locality *v.* 位置，場所，地區，所在地；方向

locate *v.* 設置；居住；找出，探（美）設計，計劃

location *n.* 位置，場所；確定地界；（房屋、土地等的）出租

lock *n.* 拘留所；阻塞；（格鬥時的）揪扭

locus delicti 侵犯行為地；犯罪地點

lodge *v.* 寄宿，租房給某人住；寄存；提呈，提起（訴訟）；監禁；授（權）於某人

lodge a complaint 投訴，控告

lodge an appeal 提出上訴

logical *a.* 邏輯的，符合邏輯的

long *a.* 長的，長久的；長期的

long-term 長期的
look *v.* 看，注意；留神；顯得，好像；朝向，傾向；尋找，搜查
look forward to 期待，盼望
loop-hole *n.* （法規等的）漏洞
loose *a.* 鬆散的，寬大的，散漫的；放蕩的，荒淫的；無拘束的，自由的；釋放的
lose *v.* 遺失，喪失；失敗；浪費，損失
loser *n.* 失敗者；失物者；遺失者；（美）刑事犯；損失者；損失物
loss *n.* 損失，遺失，喪失；損失物，喪失物，污損；傷亡；損毀；浪費
loss of consortium 配偶權利的喪失
loss of ownership 所有權的喪失，所有權的消滅
loss of possession 占有權的喪失
loss of profit 利潤損失
lost *a.* 丟失的，喪失的；毀損的
lost property 拾得物，遺失物
lot *n.* 簽，抽簽；命運；份額，份；地段；（商品、拍賣品或人的）一批，一攤；某一類的人
low *a.* 低的；淺的；少的，低下的
low-interest loan 低息貸款
lower *v.* 放下，減低；減弱；貶低
lower *a.* 較低的，較低級的
lower court 下級法院
loyalty *n.* 忠誠，忠心
lucid *a.* 清醒的，易懂的；神志清醒的，頭腦清楚的
lucid interval （精神病的）神志不亂的間隙；

神志短暫清醒期

lumpsum *n.* 總額，總數；總結算；整批

lump-sum *a.* 總額的，總數的；（金額）一次總付的；整批的

lump-sum award （損害賠償的）總裁定額

lump-sum payment 一次性收入

M
m

machine *n.* 機器；機構；機動車輛；汽車，自行車；身體器官

made *a.* 人工制造的；虛構的；捏造成；拼成的；成功的

magistrate's court （英）治安法官（刑事審判系統的最低審級），司法行政官法庭；（美）（州的）地方法院（具有對成年人的刑事初審管轄權，類似市法院或治安法院）

mail *n.* 郵件；（美）郵遞、郵政制度（英國一般用post）

main *a.* 主要的，最重要的；總管的

mainland *n.* 大陸

maintain *v.* 供養，扶養；維護（紀律等），維持（秩序等），主張；強調；堅持資助訴訟

maintenance *n.* 扶養費，贍養費，生活費；扶養；撫養；維修，保養；維持；唆訟行為，非法幫助訴訟，包攬訴訟；助訟罪

maintenance agreement （丈夫付給妻子的）扶養費契約

maintenance of order 維持秩序

maintenance of peace 維持治安

major *v.* 重要的，主要的；較大的，較多的；成年的

major issue 主要爭論點；主要事件

majority *n.* 多數，大多數，半數以上；得票多的黨（集團）；（選舉中）多得的票數；成年，法定成年

majority decision 多數議決

majority holding 多數股權

majority vote 多數票決

make *v.* 作出，制定，訂立；構成，組成，造成；變成，成為；認為，抱有；進行，實行；產生；製造；獲得，淨得，立下（契約、遺囑等）

make law 制定法律

make no exceptions 不容許有例外，無例外，照辦

malfeasance *n.* 濫用職權；違法亂紀，胡作非為；惡行

malice *n.* 預謀；蓄意；惡意，惡毒

malice aforethought 預謀的惡意；預謀不軌；預謀罪

malicious abuse of process 蓄意檻用訴訟程序

malicious prosecution 惡意的控告；誣告

malpractice *n.* 不當行為，瀆職，營私舞弊，業務過失；醫療過失，治療失當；計算錯誤（此詞常用于醫生、律師、會計師在業務上的不端行為）

management *n.* 管理，經營，安排，支配，處理；資方，經理，管理人員；經營才能；（工商企業的）管理部門

manager *n.* 經理；幹事；業務管理人；（英高等法院指定的）財務管理人；經紀人

managing *a.* 管理的，主管的；善於經營的；節儉的

managing director 總經理，常務董事

mandamus *n.* （給下級法院的）命令書；命令狀；（上級法院要求下級法院或官員採取某一時特殊行為的）指令（或執行令）

mandate *n.* 命令，訓令；（上級法院給下級法院的）命令（訓令）；（英國法律中的）

財產委託；（羅馬法中的）委託契約（指委託受託人無償代理的契約）；（美刑訴中由一個法院或一個司法官要求某一適當官員執行一項裁決或法令的）指令，執行令；委託辦理；委任；委託統治權；選民對議員或公職人員的要求或授權

mandatory *a.* 強制的；命令的；訓令的，委任的；受委託統治的；無選擇自由的

manifest *n.* 聲明，宣言；表明；證明；出現，顯露；（飛機、船上的）貨物清單，（陸上的）運貨單；快運貨車

manifestation *n.* 表明；顯示；（示威政府或政黨的）公開聲明；示威

manipulation *n.* 篡改（帳目）；操縱，使用；應付，處理

manner *n.* 方式，方法，樣式；舉止，態度；習慣，風俗

manual *a.* 手的，用手（操作）實際占有的；體力的

margin *n.* （紙）頁邊的空白；邊緣，界限；（成本與銷售的）差額，盈餘，利潤；幅度；保證金

marginal *a.* 記在邊頁的，有旁註的；邊緣的，邊際的；界限的，邊境的

marine *a.* 海上的；海事的，海船的

marital *a.* 婚姻的；（古代）丈夫的

marital status 婚姻狀況

maritime *a.* 近海的；海上的；航海的，船用的；海事的，海運的；海員的，海軍陸戰隊的

maritime law 海商法，海事法

mark *v.* 留痕跡；作記號；表明；明顯表示；記下，記錄；標志，表示……特徵；注意，留心

market *n.* 市場；市場設置權；行情；推銷，銷路，行業

marketable *a.* 可銷售的，適合市場銷售的，有銷路的

marketing *n.* 銷售

marriage *n.* 婚姻，結婚；婚姻生活，婚禮；結合，商業合併

marriage as consideration 以結婚為約因，以婚姻為（契約的）對價

married *a.* 結了婚的，有配偶的；夫婦的；婚姻的

marry *v.* 結婚，嫁，娶

martial *a.* 軍事的，戰爭的；軍人的

martial law 戒嚴法，戒嚴律；軍軍事管制法

mass *a.* 大批的，大量的；大規模的；群眾的，民眾的

mass media 大眾傳播媒體

master *n.* 主人，雇主；（大寫）碩士；（學院的）院長；（法院的）書記官；家長；師傅

material *a.* 決定性的，（對案件有）決定性影響的，本質的；重要的，重大的；物質的

material alteration 實質性變更， 重大修改

material breach 重大違反，實質性違反

material law 實體法

material misrepresentation 實質性的虛偽陳述

material ommission 重要遺漏

maternal *a.* 母系的；母親的；母性的；從母

方繼承的

maternity *a.* 產婦的，孕婦的；懷孕的 ；產後的

maternity leave 產假

matrimonial *a.* 婚姻的；婚禮的

matrimonial property 婚姻所得財產

matter(s) *n.* 事實，事件；問題，事態；事項（除一般用法外，在訴訟中可分：matter(s) in deed 有文據事實，可用契據證明其事實；matter(s) in pais 無文據事項，需要證人證明其事實；matter(s) of record 有記錄的事項，可用記錄證明其事實）；實質，實體；資料，材料

maturity *n.* 成熟；滿期，到期；完成；償還期

maximum *a.* 最大的，最多的，高的

maximum amount 最高額

maximum sentence 最高刑罰

mayhem *n.* 暴力傷害罪，致人殘廢罪；重傷害罪（普通法指傷害他人防禦時的手足齒目等致殘）

meaning *n.* 意思、意義、含義；目的

means *n.* 方法，手段；工具；財產，資力；收入

measure *n.* 措施，辦法；法案，議案；量度；標準；程度；範圍，限度，分寸，估計

measure of damages 損失賠償估量

measure *v.* 測量，估量，衡量；計量；酌量，權衡；調節；配給，分派

meddle *v.* 干預，插手，弄亂

media (medium) *n.* 新聞（或傳播）工具；媒

介；傳播體

mediate *v.* 處於中間位置；調停，調解

mediation *n.* 仲裁；調停，居中調停；調解

mediation and conciliation （國法上的）調停和調解（前者指第三國直接參與當事國間的談判；後者指當事國將爭端提交調解委員會以求得公正的解決。）

mediator *n.* 仲裁者；調解者，調停人；調停國

medical *a.* 醫學的；醫藥的，醫療的；內科的（與surgical相對）

medical evidence 醫學證明（尤指醫生提供的證據）；醫生提供的

medical examination 體格檢查；驗屍

medical expert 法醫；法醫鑑定人

medicine *n.* 藥；醫學；醫術；醫生（行業）

medium *a.* 中等的，中間的

meet *v.* 會見，會談；應付；如期償付，付（債務、賬單等）；集合，專會；遇上，碰上；滿足，適合；同意；互撞

meeting *n.* 會議，會談；集會

meeting of minds 意見一致

member *n.* （團體、組織等的）成員，會員，社員；（聯合國的）會員國；（安理會的）理事國；（大寫）議員；（國際法委員會等）委員；組成人員

Member of Congress （美）國會眾議院議員

member of family 家屬；家庭成員

member of the Bar 律師公會會員；司法界成員

member state 會員國，成員國

membership 資格，成員資格；會籍；全體會員；會員人數

memorandum *n.* 備忘錄；摘要；便函；非正式記錄；買賣契約書

memorandum of association （公司）組織簡章，社團簡約

memory *n.* 記憶；記憶力；回憶；記憶期間，追憶得起的年限

mental *a.* 精神的；智力的；精神病的

mental capacities of parties 雙方的意識能力

mental capacity 意識能力；智力能力

mental deficency 智力（或心理）缺陷，精神不健全

mental disease 精神（疾）病

mental disorder 心理錯亂，精神

mental examination 心理檢查

mental illness 精神病

mental reservation 心理保留，（對某項聲明的）未明言的保留

mental suffering 精神痛苦，精神折磨

mentally *adv.* 精神上，智力上

mentally retarded person 智力遲鈍者

mention *v.* 提到，說起，提及

mentioned above 如上所述

mercantile *a.* 商業的，貿易的；商人的

mercantile usages 商業慣例

merchandise *n.* 商品，存貨

merchant *n.* 商人，零售商；店主

mere *a.* 只不過的，僅僅的；純粹的

merged *a.* 合併的，被合併的；（美）結了婚的

merged company 合併公司

merger *n.* （企業等的）吞併，合併；合併者；權利混合

merit *n.* 價值；功績；（複）（懲、獎的）事實真象，事件實質；（案件的）是非曲直；功過；法律依據，法律意義

meritorious *a.* 有功的，值得稱讚的，善意的，有價值的

mid *a.* 中部的，中間的，居中的，當中的

mid term *n.* 中期

middle *a.* 中部的，中間的；中等的，中級的

might *a.* 強權，權利，勢力，能力

migrant *n.* 移居者

migrant worker 流動工人，移民

migration *a.* 遷居，移居國外；移民群

mileage *n.* 里程；里數；按里計算的旅費；（為法官等支付的）旅費

military *a.* 軍事的，軍用的，軍人的，戰爭的

military base 軍事基地

military power 軍權，兵權

mind *n.* 心意；智力；思想；記憶

minimum *n.* 最低額，最小量，最低額度

minimum *a.* 最少的，低（額）的

minimum age 最低年齡

minimum sentence 最短刑期（判決）

minimum wage 最低工資

mining *n.* 採礦，礦業

minister *n.* 部長，大臣；公使；外交使節

minister of foreign affairs 外交部長

minister of justice 司法部長

ministry *n.* 部，內閣，部長職務，公使的任期
ministry of finance 財政部
ministry of justice 司法部
minor *n.* 未成年人，未成年
minor *a.* 年紀小的，未成年的；較輕微的；較次要的
minor offence 輕罪，小罪
minority *n.* 少數，少數票；少數民族；少數黨（派）；未成年；不到法定年齡的狀態
mint *v.* 鑄造（錢幣）；製造；偽造；創造
minutes *n.* 備忘錄；會議紀錄；審判紀錄
minutes of proceedings 議事紀錄
misappropriate *v.* 侵占，私吞；貪污；挪用；濫用
misappropriation 侵占，私吞；貪污；挪用；濫用
misappropriation of public funds 挪用公款
miscarriage *n.* 失敗；錯報，誤送；小產，流產，墮胎；審判錯誤；（英）不按契約規定運送貨物
miscellaneous *a.* 各種的，不同性質的
misconduct *n.* 處理不當；瀆職；行為不端；通姦
misdeed *n.* 不端行為；犯罪；惡性
misdemeano(u)r *n.* 不軌行為；輕罪；行為失檢
misleading *a.* 誤寫姓名的；誤稱的；（易）令人誤解的，導致錯誤的
mispresent *v.* 誤傳，說與事實不符的話；詐欺；虛偽地陳述

misrepresentation *n.* 訛傳，誤言；虛偽陳述；與事實不符的陳述
misrepresentation of age 虛報年齡
misrepresentation of identity 詐稱身分
misrepresentation of law 曲解法律
missile *n.* 投射物，發射器；火箭；飛彈
missing *a.* 行蹤不明的，失蹤的；遺失的，不在的；缺少的
mission *n.* 使命，任務；使節團；負有特殊任務的團體
mistake 錯誤；過失；失策；誤解
mistake of fact 事實（上的）錯誤
mistake of law 法律（上的）錯誤
mistaken *a.* 錯誤的，弄錯的，判斷錯誤的；犯錯的，意見錯誤的
misunderstanding *n.* 誤解，誤會；不和，爭執
misuse *n.* 誤用，濫用；苛待，虐待
misuse of legal procedure 濫用訴訟
misuse of legal process 濫用法律
misuse *v.* 判斷；誤用；虐待
mitigate *v.* 緩和；減輕；安慰
mitigating circumstances （可使罪行）減輕的情節
mitigation *n.* 減（刑）；減輕；緩和；安慰
mitigation on of damages 損害賠償的減輕
mixed *a.* 混合的，混雜的
mobility *n.* 運動性；流動性；變動性；靈活性；民眾
mock *a.* 假的；模擬的，欺騙；愚弄
mock trial 模擬審判，假審判

mode *n.* 方式，方法；樣式；模式；時式，風尚

model *n.* 模型；模範，典型；時裝模特兒

modification *n.* 變更，改變，更改，修故；緩和，減輕；意義的限制

modify *v.* 變更，修改；限制（意義），明確（意義）

modus 負擔；手段，方法，方式；習慣

molest *v.* 調戲，作弄；惡意干涉，妨害，干擾

monarchy *n.* 君主政體；君主制；君主制

monetary *a.* 貨幣的，幣制的；金錢的；金融的，財政的

money *n.* 貨幣，款項；金錢，財富；金融界

monism *n.* 一元論

monopoly *n.* 壟斷，獨占，專利；壟斷商品，專利事業；壟斷權，專賣權，專利權；享有專賣權的公司

monthly *a.* 每月的，每月一次的，月計算的

monthly instal(l)ment 按月攤付；按月賦金

moot court （法律系學生實習的）模擬法庭，實習法庭

moral *n.* 教訓，寓意；（複）品行，風化；（複）倫理學，道德學

moral *a.* 品行端正的，公正的；道德上的，精神上的，心理上的，道義上的

moral duty 道德義務

moral hazard 道德（淪喪的）危機

moral norm 道德規範

moral obligation 道德責任；道德義務，道義

moral turpitude 反公德行為（指和公認的權利

義務原則不相容的行為）

morality *n.* 道德，道義

moratorium *n.* （依法給債務人的）延期償付（權）；延緩履行（權）；延期償還期；（使用或製造的）禁止或暫停；（某種行為的）暫停

mortality *n.* 致命性，必死性；死亡數，死亡率

mortgage *n.* 抵押，抵押權；質，質權；抵押品；義務

mortgage loan 有抵押的貸款；抵押借貸

mortgagee *n.* 承受抵押人，抵押權人；質權人

mortgagor *n.* 抵押人，出質人

most-favored-nation *n.* 最惠國

most-favored-nation clause 最惠國條款

mother *n.* 母親；母愛；根本；泉源

motion *n.* 動機，意向；提議，動議；（訴訟人向法院提出的）請求，申請；運動，移動

motion for a direct verdict 直接裁決的申請（書）

motive *n.* 動議；主旨，目的；動因，行為理由

motive of a crime 犯罪動機

movable(moveable) *a.* 可移動的，活動的，不定的；動產的（與real相對）

movable and immovable property 動產與不動產

movable property 動產

movable *n.* （可移動的）家俱；（複）動產（亦作moveables）

movement *n.* 運動；活動；遷移，遷居；（軍隊、艦隊等）調動

multilateral *a.* 多國的，多邊的，多國參加的，涉及多方的

multilateral agreement 多邊協定

multilateral treaty 多邊條約

multinational *n.* 多國公司，跨國公司

multinational *a.* 多民族的，多國家的

multinational corporation 多國公司

multiple *a.* 多重的，多樣的

municipal *a.* 市的，都市的；市政的；內政的

murder *n.* 謀殺（罪）；謀殺案；凶殺（罪），凶殺案

murder *v.* 謀殺，犯謀殺罪；兇殺；扼殺（真理等）

murderer 謀殺犯，兇手

mntatis mutandis 細節上作必要的修改

mutual *a.* 彼此的，相互的；共同的．共有的

mutual agreement 共同協議

mutual consent 協議；雙方同意

mutual intent 共同故意

mutual understanding 互相諒解

name n. 名字，姓，姓名，名稱；名義；名聲，名譽

name and address 姓名和地址

name v. 命名，提名，任命；指控，指責

narcotic n. 麻醉劑；吸毒者

narrow a. 窄的；有限範圍的；勉強的；偏狹的；精密的，仔細的

narrow definition 狹義解釋

narrow scrutiny 細容，詳審

nation *n.* 民族，國家；（總稱）國

national *n.* 國民

national *a.* 民族的，國家的；國有的，國立的；國民的；全國性的

national bank 國家銀行

national currency 國家貨幣

national debt 國債

national defense 國防

national flag 國旗

national law 國內法，本國法

national security 國家安全

nationalism *n.* 民族主義，國家主義；民族特徵；工業國有化主義；愛國心

nationality *n.* 國家，民族；國民；國籍；船籍；國情，民族性；國民身分，國家的地位

nationwide *a.* 全國的，全國範圍的

native *n.* 本國人；本地人；土人，土著

native *a.* 出生地的，出生的；本國的；本土的；土著的

natural *a.* 自然的；慣常的；正常的；生來的；私生的；不合法出生的；（父母）生身的，有血統關係的

natural boundary 自然疆界，天然國境

natural calamity 自然災害，天災

natural condition 自然條件

natural law 自然法；自然法則

natural resources 自然資源

natural rights 天賦人權，自然權利，生而具有的權利

naturalization *n.* 入籍，歸化

nature *n.* 本性，性質；自然力

nature of crime 犯罪（的）性質；犯罪本性

navigation *n.* 航行，航海；航空；導航

near *a.* 近的，近期的；接近的，關係接近的；親密的

necessaries *n.* 必需品，生活必需品

necessary *a.* 強制的．被迫的；必須的；必需的，必要的

necessity *n.* 必要性必然性，必要；必須做的事；必需品；貧困；緊急避難

negative *a.* 否定的，否認的；反的，消極的；不作為的

neglect *v.* 忽略，疏忽；忽視，玩忽；棄置不顧

negligence *n.* 過失；疏忽，玩忽；怠慢

negligence per se 自身的過失

negligent *a.* 玩忽的，疏忽的，粗心大意的；因疏忽造成的損害；依民法應負賠償責任的；過失的

negligent act 過失行為

negligent interference （依法應負賠償責任的）消極妨害行為

negligent misrepresentation 過失誤述

N

negotiable *a.* 可轉讓性的；可流通性的；可談判的；可協商的

negotiable paper 流通證券，可轉讓票據

negotiate *v.* 議定；談判，協商；出售，轉讓；兌現，處置

negotiation *n.* 讓與，轉付；流通；交涉；談判；商議

negotiation of contract terms 磋商契約條款

negotiator *n.* 談判者；磋商者；讓與人，交易人

neutral *a.* 中立的；中立國的

neutrality *n.* 中立

new *n.* 新發現的；新的；重新開始的，新生的

new evidence 新發現的證據，新證據

new fact 新事實

new trial 再審；重新審判（指由於判決不當、不公平或有錯誤，向上級法院上訴，經裁定撤銷原判決，而引起的重新審判）

news *n.* 新聞，消息，新聞報導

next *a.* 最近的，緊接的；其次的

nexus *n.* 關係，聯系，結合

night *n.* 夜， 黑夜；黑暗；罪惡

nihil 無物（此術語常縮略為nil，單獨用時為司法行政官回復令狀的用語，意思是「無物」執行）

no entry 不准入內，不准駛入

no-fault *n.* （美）不追究責任的事（指汽車保險術語：意外中的傷者由他的保險公司負責賠償過失及費用，不管此意外是否他的過失。一種離婚法例：男女雙方皆不需負婚姻

破裂的責任。）

noise *n.* 聲音，高聲；噪音

noise abatement 噪音消除

noise pollution 噪音污染

nominal *a.* 名義上的，有名無實的；票面的；名稱上的；記名的

nominal capital 名義資本

nominal damages 名義上的損害賠償，象徵性的損害賠償

nominal value （股票等的）票面價值

nominate *v.* 提名……為候選人；指定；推薦；任命

non-disclosure *n.* 不透露， 單純 沉默

non-discriminatory *n.* 無差別待遇，無不公平待遇，不歧視

non-interference *n.* 不干預；不干涉

non-pecuniary loss 非金錢損失

nondisclosure *n.* 不曝露，不洩漏；不揭發，不告知

nonfeasance *n.* 不履行義務；不作為；懈怠

nonproliferation *n.* 不擴散，防（止）擴散（尤指防核擴散）

nonviolence *n.* 不訴諸武力的主張、政策；無暴力存在

norm *n.* 標準，規範；典型；限額，定額；模範

normal *a.* 正常的， 表準的，正規的

normative *a.* 標準的，規範的，合乎規範的

North Atlantic Treaty Organization 北大西洋公約組織（也稱「北大西洋聯盟 」或「北大西洋集團」）

not for sale 非賣品

not guilty （自認）無罪（指被告對起訴書中全部事實的否認，並聲明自己無罪的慣用語）

notarial act 公證行為

notarial certificate 公證證書

notarial certification 公證證明

notarial deed 公證書

notarial document 公證證書，公證文件

notarial verification 公證鑑證，公證認證

notarially *adv.* 經公證；由公證人證明

notarially certified 經公證證明

notarization *n.* 公證人的證實；（附在文件上的）公證書

notarize *a.* 公證，以公證入資格證實

notarized *a.* 由公證人證實的

notarized contract 經公證的契約

notarized document 經公證的文件

notary *n.* 公證人，公證員，公證

notary pubic 公證人（同notary）

note *n.* 筆記，紀錄；通知書；照會；通牒；摘記；註釋；注意；票據；紙幣

note holder 持票人

notice *n.* 聲明；通知，通告（通知書）；佈告，告示；標記，招牌；預告；警告；注意

notification *n.* 公告，通報，告示

notify *v.* 宣布，宣告；通知

novation *n.* 債的變更，（債務，義務等的）更新；新債貸舊債；新契約代舊契約

novation of contract 契約更新

novel 新的；新奇的

nuclear *a.* 核子的；基本的；原子能的，原子彈的，核動力的

nuclear power 核國家

nuisance *n.* 惹人討厭的行為，妨害物；公害；損害；妨害；妨擾；滋擾；滋擾罪；妨害行為

null *a.* 無效的，無價值的，無意義的

null and void 無效；失效（止法律文件而言）

*Null poena sine lege. No crime without law. 法無明文不為罪。

nullification *n.* 無效；廢棄，取消；廢止；（美）洲對國會法令的拒絕執行

nullify *v.* 使用無效，使無拘束力；廢棄，作廢，取消，測銷

nuptial *a.* 婚姻的，婚禮的；（復數， 作名詞）婚禮

nurse *v.* 奶媽；護士；保護人；養育人；養育者；保護，養育

O

oath *n.* 誓言，誓約；宣誓
obedience *n.* 服從；順從，遵從
obedient *a.* 服從的，順從的，忠順的
obey *v.* 服從，順從，遵奉
obligatory *a.* 有拘束的, 強制的；必須的
obiter 順便，附帶
obiter dictum 順便說話；（法官判決時表示決定性的）附帶意見
object *n.* 物體，客體，標的（物）；對象；目的，客觀
object *v.* 提出…作為反對理由或根據；反對，抗議，拒絕
objection *n.* 異議，反對，抗議；反對或拒絕的理由、根據；反對進行討論的或審理；（對審理中的某些陳述或程序提出的異議）；阻礙，妨礙
objective *a.* 客觀的，真實的；目標的
objectivity *n.* 客觀性
obligate *v.* 負有責任，負有…義務；（道義上或法律上）強制…做某事
obligation(s) *n.* 意義，職責，責任；債，債權關係；契約，證券；（法令、承諾、義務等的）束縛
obligation to disclose 說明義務，告知義務
obligations arising from contracts 由契約所生的債
obligatory *a.* （法律上或道義上）必須履行的，有約束力的
obligee *n.* 債權人，權利人；債主（與obligor相對）；受惠人（與obliger相對）
obligor *n.* 義務人，債務人，欠債者；有責

任者

observance *n.* （法律，習俗，規章的）遵守，奉行；慣例，習慣；儀式；注意，觀察

observe *v.* 遵守（法律，命令等）；觀察，監視；陳述（意見）

observer *n.* 觀察者，觀察員；監場員，監視人；見證人，目擊者

obsolete *a.* （法律等）過時的；已廢的；陳舊的；生育不健全的

obstruct *v.* 阻礙，妨礙，阻止，阻撓

obtain *v.* 獲得，得到，達到（目的）；應用，流行

occasion *n.* 時機，場合，機會；近因，偶因，原因，誘因；特殊事件

occasional *a.* 偶然的，特殊場合的

occupancy *n.* 占據，據有；占用；占有期間；居住期間；先占（指把從前沒有物主的東西占為己有）

occupant *n.* 占有人，占據者；占領者；居住者；因占有而取得所有權者，實際占有人

occupation *n.* 占據，占領；占用；占有；占有權；占有時間；居住時間；職業；工作

occupier *n.* 占用者；居住者；軍事占領者

occupy *v.* 占領，占據，占有，占用；充任

occurrence *n.* 出現，發生；（偶發）事件；事變

off-duty 下班，休假

offence (offense) *n.* 犯法（行為）；罪過；過錯；罪行（英國法中這個詞一般指公共錯誤行為，不僅指刑事罪行或可檢控的罪行，還包括那些用簡易程序審判的罪行）；攻

擊；冒犯；侮辱

offend *v.* 犯法，犯罪；觸犯；傷害，開罪，忤意

O

offender(s) *n.* 罪犯，罪犯者，犯人，犯罪者

offensive *a.* 攻擊的，進攻的；冒犯的，侮辱的

offer *n.* 要約；報價；發價；出價；發盤；提供，貢獻，給與；提議，求婚

offer *v.* 出價；提供；提議；提出；奉獻

offeree *n.* 受邀約人；被發價人

offeror (offerer) *n.* 要約人；發價人

office *n.* 辦公室，辦事處，事務所，營業所；處，局，社，行，公司；（大寫）政府機關（舊譯：官署）；（英）部；（美）司局；公職，官職，職責，任務

officer *n.* 官員；辦事員；高級職員；司令官，軍官，警察，法警，執達員

official *a.* 官方的，法定的；正式的，公家的；職務上的，公務的

official statement 正式聲明

official text 正本

offset *n.* 後裔；分支；抵銷，補償

Old Bailey （英）老貝利（倫敦中央刑事院俗稱）

oligarchy *n.* 寡頭政治；寡頭政治集團；少數人壟斷的組織

ombudsman *n.* 調查專員（指專門調查官員徇舞弊情況的政府官員或指機關組織內，專門負責聽取批評，搜集意見的人）；監察專員（指民眾可以向其反映冤情的官方或半官方的人員）；司法專員

omission *n.* 懈怠，不履行法律責任，不作為；遺漏，省略；刪除

omit *v.* 遺漏，省略，刪去；忽略，忘記；疏忽

on behalf of 作…代表，為（某人的）利益

on purpose 故意地

on the contrary 正反的，相反地

on the scene 當場，在出事地點

on time 準時，按時；按時付款，分期付款

one man company 一人公司（指只有股東一人的公司，為公司法所不許。）

one person, one vote 一人（只投）一票

onerous *a.* 負有義務的；艱巨的，繁重的

onerous contact 有償合同（契約）

open *a.* 空曠的，敞開的；開始工作的，在營業的，活動著的；開放的，不受禁止的，無法律限制地；公開的；坦率的；懸而未決的，未決定的；無冰凍的，溫和的

open *v.* 開始，揭開

operating *a.* 營業上的；操作的；工作的；（權力）實施的

operating cost 營業成本，營運成本

operation *n.* 運用，作用；實施；生效；經營，管理；交易，買賣

opinion *n.* 意見；主張，看法；評價；（醫生，專家的）鑒定的；判定；法官對案件決定所依據的理由

opinion of the court （仲裁過程中的）法庭判決（裁定）；（導致法庭判決的）絕大多數法官的意見

opponent *n.* 反對者；抗辯人；對手，敵手

oppose *v.* 反對，反抗；阻撓

opposing counsel 抗辯者

opposite *a.* 反對的；對立的，相反的；相對的

opposition 對抗；反對，反抗；對立；相照

option *n.* 選擇權；自由選擇；選擇的事物；買賣的特權（指在契約期內按價格買賣指定的股票，貨物等權利）；（在規定時間內要求履行契約的優先權，特權）；（被保險人對賠款方式的）選擇權

optional *a.* 可選擇的；非強制的，任意的

oral *a.* 口頭的，口述的

oral agreement 口頭協議

oral contract 口頭契約

oral (parol) evidence 口頭證據

order *n.* 順序，次序；條理，整齊；制度，規程，規則；秩序；治安；命令，法院的決議，法院指令；（轉讓產業的）許可證，授權證明書；定貨單、定購；匯票，匯單

order confirmation 訂貨確認書；（印好的）定貨單

order for arrest 通緝令

order for ejectment 驅逐令

order for enforcement 強制執行判決的（法院）命令

order for eviction 搬遷令

order for payment 支付命令

order for seizure of property 查封財產令

order of certiorari （調取案件）複審令

order of mandamus 履行責任令（參見 mandamus）

order *v.* 命令，指令；定購，定貨；安排，整理

ordinance *n.* 命令；法令，法規，布告；（英）條例（指從前制定法的一種，因為它未經上、下議院，君主的三重通過或贊許，而只經過一重或二重通過，所以不較法律act，只叫條例。）傳統的風俗習慣

ordinary *a.* 普通的，一般的；平常的；常任的，編制內的；有直接管轄權的，直隸（屬）的

ordinary care 普通注意力，一般的謹慎

organ *n.* 機關，機構；器官；喉舌；報刊

organization *n.* 體制，編制；組織，團體，機構；設置，設立

organizational *a.* 組織的，編制的，機構的

origin *n.* 緣由，起因，起源，血統出身

original *n.* 原物，原作品，原文；來源，起因

out of court settlement 法庭外和解

outrage *n.* 暴行，蠻橫逞凶；傷害，蹂躪；嚴重違反行為（道德敗壞等）

outrage *v.* 對……施暴行；傷害，凌辱；強姦；公開違犯（法律等）

outside *a.* 外部的；外國的；外界的；超出……的；最高的；最大的

outstanding *a.* 著名的，顯著的，突出的；未付的，未解決的，未完成的

overt *a.* 明顯的，公開的

overt act 明顯的行為，公開的行為（指由此行為可以推出一個人的意圖）

overturn *v.* 推翻，顛覆（政權）

overwhelm *v.* 打翻，傾覆；覆蓋制服，壓倒；使不知所措

O

overwhelming majority　壓倒的多；絕大多數

owe　*v.*　欠債，負債；負有義務；應把……歸功於

own　*v.*　占有，擁有；承認，自認

owner　*n.*　所有權人，物主

ownership　*n.*　所有權，所有制；物主身分

Pp

P

package *n.* 包裹；契約上之利益（如福利條件，養老金等）
pact *n.* 合約，公約；盟約；契約
*Pacta sunt servanda. Aggreements (and stipulations) of the parties (to a contract) must be observed 當事人的合約必須守信執行。合約必須信守。
paid *a.* 支薪金的，受雇的；已付清的，已兌現的
paid-in capital 已繳資本
pain *n.* 痛苦；懲罰；努力，苦心
panel *n.* 陪審團名單，全體陪審員；（蘇格蘭法律中的）被告；（選定的）專門小組
paper(s) *n.* 票據；證券；紙幣；（複）證件；文件，身分證
par value 評價，票面價値
paragraph *n.* （制定法，訴訟文件條中的）項；段落
paralegal *n.* 律師的專職助手
paramount *n.* 最高統治者
paramount *a.* 最高的，首要的
parcel *n.* 一小片（土地）一宗（貨物）；包裹
pardon *n.* 寬恕，赦免；免罪，赦免特許狀
pardon *v.* 原諒；寬恕；赦免
parent *n.* 父母親；根源，根本；（複）雙親；祖先
parent and child 父母與子女（的法律關係）
parent company 母公司，總公司（參考holding Company）
parent subsidiary relationship 母子公司關係

parental *a.* 父母的；父的，母的，雙親的，似父母的，為父母的

pari delicto 相同過錯，同類罪行，相似罪行

parish *n.* 救貧區；教區

parliament *n.* 會議，國會；議院；（法國革命前的）高等法院，立法機構；（大寫）（英國）議會

parol *a.* 口頭的；不蓋印的

part *n.* （法律條文中的）一部分，項，篇；（契約交易等）一方（辯論中的）一面；本分，職責；區域，地方

part *a.* 部分的，局部的

part payment 部分支付，部分付款

part performance 局部履行，部分履行

partial *a.* 不完全的，部分的，局部的；偏向一方的，偏袒的，不公平的

partial delivery 部分支付，部分交貨

partial paymen 部分支付

participant *n.* 參加者，參與者，共享者

participating *a.* 由多人或多方一起參加的；（股票等）使持有人有權參與分享的

participation *n.* 參加，參與；分享，共享

particular *n.* 單獨事項；個別部分；詳細說明；（複）細目，要點

particular *a.* 單獨的，個別的；特殊的；特別的；特定的；各個的；特指的；特有的；分項的；詳細的

partition *n.* 分配，分割，瓜分；區分，區分物

partition *v.* 分配；分割；瓜分；區分

partner *n.* 分享者，分擔者；合夥人，股東，

夥伴，合作者；配偶，夫或妻

partnership *n.* 合夥，合股；合夥企業；伙伴關係，合股關係

partnership agreement 合夥協約

party *n.* 訴訟當事人；關係人；參與者；團體，政黨；會，（社交、遊戲等）聚會，宴會

(the) party at fault 有錯誤的一方當事人，負責任的一方當事人

party concerned 有關當事人

party in a lawsuit 訴訟當事人（舊譯：事主）

party to a contract 契約當事人，立約當事人

party to a dispute 爭議當事人

party to a lawsuit 訴訟當事人

party to a treaty 締約當事國

pass *v.* 通過，批准；傳達（命令），傳遞；（貨幣）流通；宣告，判決；約定，保證

pass a law 通過法律

passage *n.* 航行權（指河流，水道的自由航行權利）；自由通過權；（議案，法案的）通過；（海上，空中的）航行；經過，變遷

past *a.* 過去的，以往的；前任的

patent *n.* 專利；專賣權；專利發明物；特許狀，執照

patent right 專利權

patent *v.* 取得專利；特取專賣；給予專利

patentable *a.* 可給予專利權的，可以取得專利的

paternity suit 確認生父的訴訟（指確認非婚生子女父親的訴訟）

patronage *n.* 保護，庇護；贊助，資助；授

與官職或特權的權力

pay *n.* 支付，工資，報酬；報償；償還；有支付能力者，按期付款者

pay *v.* 支付；付款；繳付；付清；償還；補償；抵償

pay in cash 現金支付，付現款

pay in kind 以實物支付

pay off 付清，償清；給薪解雇；賄賂；進行報復

payable *a.* 可支付的；應付的，到期的；可獲利的

payable at sight 見票即付

payable to bearer 見票即付持票人

payable to order of 憑指定付款；付款給指定人…

payee *n.* 受款人；提款人，收款人，收票人

payer *n.* 付款人，交付人，支付人

payment *n.* 支付；付款；支付的款項；報償；懲罰

payment in advance 預付，預付貨款

payment in full 全部付款，全部照付

payment in lieu 以付款代替

payment notice 繳款通知

payment of compensation 支付賠償金

payment of damages 支付損害賠償金

peace *n.* 和平；治安，社會秩序；安定；（大寫合約）

peace and order 公共秩序；治安

peace and security 和平與安全；治安

peaceful *a.* 和平的，愛好和平的； 和平時期的；平時的；安靜的

P

peculiar *a.* 個人的，私人的；特有的，特殊的，特別的

pecuniary *a.* 金錢的；應罰款的

pecuniary compensation 金錢補償

pecuniary damages 用金錢支付的損害賠償

pecuniary loss 金錢損失，經濟損失

penal *a.* 刑事的，刑法的；受刑罰的，應受處法的，用作處罰的，作罰金的

penal code 刑法典

penal law 刑法

penalize *v.* 處罰；對……處以刑事處罰

penalty *n.* 懲罰，處罰；刑罰（特別指罰款）

penalty clause （美）私人冒用者必罰（印在政府免費郵件上的字樣）

pending *a.* 未決的，待決的；懸而未決的；迫近的

pending trial 待審，候審

penetration *n.* 侵入；滲透；姦入（指刑事強姦案中的一個術語，與non-penetration相對）

penetrator *n.* 侵入者，滲透者，識破者

penitence *n.* 悔罪，悔過；懺悔

pension(s) 撫恤金；年金，養老金，退休金；津貼

people *n.* 人民，平民，公民，民；民族；國民；人類；家族，家人；隨員

per 每，按，依，通過，由，因

per annum 按年度，每年

per capita 按人數，按人口平均計算，每人

percent 百分率

per diem 按天，每日

per se 自身，本身；本質上

percentage *n.* 百分率；（以百分比率計算的）利息，折扣，罰款；部分

perception *n.* （地租的）徵收；（農作物的）收穫

peremption *n.* 訴訟駁回

peremptory *a.* 絕對的，最後決定的；斷然的，緊急的；強制的

perfect *a.* 完美的，無瑕的；完全的，完備的；絕對的，不容置疑的；熟練的，正確的；法律上有效的

perform *v.* 履行，執行；完成；進行

performance *n.* 履行，執行；完成；清償；行為，行動；表現；表演

performance in part (or on installment) 部分履行

performance of a contract 契約的履行

peril *n.* 危險

period *n.* 期間；時期；期限

periodic *a.* 定期的；某一時期的；周期的；不時發生的

perjury *n.* 偽證；偽誓；偽證罪

permanent *a.* 永遠的；長期的；不變的；常設的

permanent disability 終身殘廢

permissible *a.* 可允許的，許可的要，准許的

permission *n.* 允許，許可；批准；同意

permissive legislation 非強制性法規；（授權地方當局可自行斟酌執行的）任意法規

permissive use 獲准使用權

permit *n.* 執照，許可證；允許，許可

P

permit *v.* 允許，許可

perpetrate *v.* 犯（罪），作（惡），行（詐），為（非）

perpetration *n.* 行凶，作惡；犯罪

perpetrator *n.* 作惡者，行凶者，犯罪者

perpetual *a.* 永久的；永遠的，終身的；永續的；不斷的；長期的

persecute *v.* 迫害，虐待；煩擾，為難

persecution *n.* 迫害；虐待；困擾

persecutor *n.* 迫害者；虐待者

persistent *a.* 堅持的，固執的；持續的，持久的，不斷的

person *n.* 人；法人；人身，身體；容貌，外表

person in charge 主管人；代表

personal *a.* 個人的，私人的；本人的，親自的；人身的；有關個人的；攻擊人的；屬於個人的；可動的

personal liability 個人責任

personal property （有時用於包括動產和住宅的）個人財產，動產

personal right 人身權；人格權（包括名譽權，姓名權，人身自由權）

personal rights 人的權利（又譯：人權，指個人的安全權利，即生命、四肢、健康、名譽、自由等安全和保障的權利）；公民權利

personality *n.* 人格；品格；個性；人身攻擊，誹謗

personnel *n.* 全體人員；職員；人事

persuade *v.* 唆使，說服，勸誘；使相信

pertain *v.* 屬於，從屬，附屬；關於，有關；

合宜，適於

pertinent *a.* 恰當的；有關的

petit 小的，輕的

petition *n.* 請願，請求，申請；祈求；訴狀，上訴狀，請願書，申請書

petition *v.* 請願，申請，請求，呈請

petitioner *n.* 訴願人；上訴人；請願人；請求人

petty *a.* 小的；次要的；低下的，下級的；卑賤的

petty crime 輕微罪行

petty offence 過失；輕罪

physical *a.* 肉體的，身體的；有形的；物質的；自然的

physical and mental health 身心健康

physical assault 身體傷害；行凶

physical disability 生理（上的）缺陷

physical examination 體格檢查

physical evidence 物證

physical injury 肉體傷害，人身傷害

pick *v.* 選擇，挑選；撬開，撬；扒竊；竊取；找，尋求；挖；鑿；採

pistol *n.* 手槍，信號手槍

place *n.* 場所，地方，地點；位置；住所，寓所；地位，處境；職責，職權

place of crime 犯罪地點，犯罪場所

place of delivery 財物交付處；投遞處；發貨地點

place of payment 付款地點，支付地點

place of performance 清償地點，履行地

place of wrong doing 不法行為發生地

place *v.* 放置，安置；寄託（希望等）；給予（信任等）；安撫；任命；完全認定；投（資）；存（款）；發出（訂單等）

plain *n.* 平的；簡單的；清楚的，明白的，坦白的，直率的；（指紋的）弧形的，平弧形的

plaintiff *n.* 原告，檢舉人

plan *n.* 計劃，策略，方法；設計圖，方案

plausible *a.* 花言巧語的；似乎有理的

play *v.* 假裝；嘲弄；賭博；玩弄；利用；擺布

plea *n.* 抗辯，申訴案件，答辯，辯解；託詞，口實；請願，請求，懇求

plea agreement （見plea bargaining）

plea bargaining （經法院批准，被告為了避免受到較輕重的處罰與控訴人達成的）認罪求情協議（同cop a plea）

plea of guilty 表示認罪

plea of not guilty 不認罪

plead *v.* 辯護，抗辯，答辯；請求；以……為借口

plead guilty （刑事被告）表示服罪，服罪

plead not guilty （刑事被告）表示不服罪

plebiscite *n.* 公民投票；（古羅馬法上）平民表決

pledge *n.* 抵押，抵押權，質權；抵押品，典當物；保人，保證人；誓言，誓約；保證；保證物

pledge *v.* 質押，抵押，典當；發誓，保證；以……作坦保

plenary *a.* 完全的，充分的；絕對的；全權

的；全體出席的；無限制的

plot *n.* 小塊土地；地區；秘密計劃，陰謀

plot *v.* 密謀，策劃

plumber *n.* （美國調查政府人員洩密情形的）堵漏防漏人員

plural *a.* 複數的

pocket *n.* 錢袋，衣袋；錢

point *n.* 要害；要點；論點；細目；地點，方位，場所；警察固定崗位；特點，特質；意義，目的

point at issue （訴訟）系爭要點

point of view 論點，見解，立場

poison *n.* 毒；毒藥；毒物；敗壞道德的事

poison *v.* 投毒，下毒；毒害，毒殺；使中毒；摧毀；敗壞

poisonous *a.* 有毒的；有害的；有惡意的，敗壞道德的

police *n.* 警察；警察局；警察組織；警務人員；公安，治安

police *v.* 維持治安；整頓；警備；設置警察；實施警察制度；管理，管治

policeman *n.* 警察

policy *n.* 政策，方針；權謀；保險單

policymaking *n.* 政策制定者，決策人

political *a.* 政治的，政治上的；黨派政治的

politics *n.* 政治，政治學；政綱，政見；政治活動；政治生活

poll *n.* 選舉投票；投票結果；投票記錄；投票人的名冊；民意測驗；（複）（美）投票及點票處

pollutant *n.* 污染物（質）

P

pollute *v.* 污染；沾污，敗壞
pollution of air 空氣污染
pollution of atmosphere 大氣層污染
pollution of water 水污染
polygamy 一夫多妻制，一妻多夫制，多配偶
pool *v.* 合夥經營，聯營；共同組織基金；共享，分享
poor *a.* 貧民的，貧窮的，需要救濟的
popular *a.* 人民的，大眾的；普及的，流行的；大眾化的；受歡迎的
population *n.* 人口；全體居民；殖民
population density 人口密度
port *n.* 港口，港市，口岸；對外開放港口
portfolio *n.* 公文包，文件夾；閣員（或大臣）職務，部長職務；未滿期責任；有價證券；（保險上的）業務責任
portfolio investment 有價證券投資
portion *n.* 嫁奩；分與遺贈財產（指父母或代替父母地位的人，從父母婚姻贈與財產所得的部分或全部，用信託方法，留給子女的財產。）
positive *a.* 實證的，確實的；確定的；明確的；積極的；正面的；絕對的
positive factor 正面因素，積極因素
positive law 實在法（又譯：實證法）；制定法；成文法；現行法
positivism *n.* 實在法主義（又譯：法律實在主義，法律實定主義，實證法學說）；實證主義
possess *v.* 持有，占有，具有；支配，控制；保持；使獲得（財產）

possession *n.* 有，持有，占有；所有權，所有物；（常用復）財產；領地，屬地，殖民地

possessor 擁有的，所有者，持有人，占有人

possibility *n.* 可能性；可能發生的事；不確定權

post *n.* 郵件；郵政；郵寄；職位；職守；哨兵；崗位；哨站；（交易所）交易台；（會計）過帳

post *v.* 貼（布告等）；公布，揭示；使列入公布名單內；公告不得侵入

post a reward 公告懸賞

post acceptance 事後承兌

post date 遲簽日期

post factum 事後，事後行為

postage 郵資，郵費

postal *a.* 郵寄的；郵政的，郵局的

postal address 通訊地址

postpone *v.* 延擱，延期；遲誤

potential *a.* 潛在的，有可能性的，隱在的

poverty *n.* 貧困，貧窮，缺乏

power *n.* 權力，政權；勢力；權限，權力範圍；（複）職權；強國，大國；有權力的人，有影響的機構；授權證書

power of attorney 委託書；授權（書）

power of representation 代表權，代理權

power of veto 否決權

power to adjudicate 審判權

power to proclaim war 宣戰權

practical *a.* 事實上的，實際上的；接近……的；實用的；實踐（上）的

P

practise (美亦作practice) *v.* 實行，實踐；開業；辦理手續；習慣於

practise law (=practise the law) 開業做律師，（律師）開業

pragmatic *a.* 間斷的，固執己見的；實用主義的，實用的；好事的

preamble *n.* （法規、條約等的）序言，導言，序文，緒言

precarious *a.* 不穩定的；不安全的；前提有問題的；不確定的；根據不足的

precaution *n.* 預防，預防措施；警惕

precedence (=precedency) *n.* 領先，在前（的狀態，行為）；優先權

precedent *n.* 先例，判例，慣例

precedent *a.* 在前的，在先的，優先的

precedent cindotion (=condition precedent) 先決條件

preceding *a.* 在前的，在先的，前面的

preceding article 前條

preceding clause 前項，前款

preceding paragraph 前段，前節前款，前項，前目

precise *a.* 精確的，准確的；恰好的；拘泥的

preclude *v.* 預防；排除，消除；阻止；杜絕

precondition *n.* 前提，先決條件

predecessor *n.* 前輩的，祖先；被繼承人；前任者；原主；（被取代的）原有事物

predictability of law 法律的可預測性

prediction *n.* 預測，預言

preempt *v.* 先取，先占；以占（土地）而取

得先買權

preemption *n.* 預先占有；優先購買權；搶先購買

preemptive *a.* 有優先購買權的，優先購買的；先發制人的

preemptive right 優先購買權

prefer *v.* 給予優先權；優先償還；提出（控訴、請求等）；申請；提出起訴書；提升

preference *n.* 優先得到償還的權利；優先，優先權；（關稅等的）特惠；選擇機會，選擇權；偏愛

preference share 有優先權的股份，優先股

preference stock 有優先權的股票，優先股（票）

preferential *a.* 優先的，特惠的；先取的

preferred *a.* 優先的；選擇的

pregnant *a.* 懷孕的；含蓄的；有意義的

prejudice *n.* 偏見，成見；損害；侵害；不利

prejudice *v.* 受損害，侵害；不利於

preliminary *a.* 預備的，初步的；開端的

premeditate *v.* 預先計劃；預謀；預先考慮

premeditated *a.* 經預先計劃的；預謀的

premeditated crime 預謀犯罪

premeditated homicide 謀殺

premeditated murder 謀殺，故意殺人

premier 首相；總理

premise *n.* 前提

premises *n.* 房屋（及其附屬建築，基地等）；（合同等用語）上述各點，上述房屋（或讓渡物件，當事人等）

premises open to general use 公共場所

P

premium 利息，紅利；報酬，酬金；獎品，獎金；額外費用；補付地價；保險費

prenatal *a.* 出生前的，胎中的

preparatory *a.* 預備性的；準備的，籌備的；初步的

prepayment *n.* 預付費用

preponderance *n.* 優勢，優越；主要；首要

prepondernce of evidence (proff) 占有優勢的證據（指具有更大說服力或更可信的證據）

prerequisite *n.* 先決條件，必要條件，前提

prerogative *n.* 特權；天賦特權；（英）君權，帝王的特權

prescribe *v.* 命令・指示，規定；（通過長期占有等而）要求（權利等）；使（過期限而）失效（或不合法）（to, for）；（因時效而）消滅（或失效）

prescribed *a.* 法定的；規定的

prescription *n.* 時效，因時效而取得的利益；命令，指示，規定；法規；慣例，傳統；處方，藥方；開藥方

presence *n.* 出席，到場，在場；到庭，出庭

present *n.* 現在，目前；（複）本證書，本文件，本契據（這詞用作表示證書、文件、契據的本身）

present *v.* 介紹；引見；出席；出庭；控告，告發；出示，提出，贈送

present *a.* 目前的；現在的；在場的，出席的

present ability 現場行為能力（常用來說明侵犯人身罪構成要素的術語，用以表示被告造成傷害的行為能力）

presentation *n.* 介紹，引見；出席；贈送，禮物；提出，呈送；展示，呈現

preservation *n.* 保管，保存，保護；維持；維護

preservation of environment 環境保護

preside (at, over) *v.* 主持；負責；指揮；管理

presidency *n.* （美）總統直轄的政府機構（包括決策機構等）；總理的職位（或職權、任期）；院長、庭長、董事長、總經理、社長、會長或大學校長的職位（或職權、任期）；管轄區；主宰，支配

president *n.* （美國等）總統；總裁；大臣，議長；會長；（聯合國大會）主席；院長，庭長；（銀行等）行長（總裁）；社長，大學校長，董事長，總經理

presidential *a.* 總統的；議長的；總經理的，董事長的，社長的，會長的，大學校長的；統轄的；主宰的，支配的

presiding *a.* 主持的，執行的

presiding chairman 執行主席

presiding judge 法庭庭長，審判長；首席法官（翻譯：首席推事）

press *n.* 出版；新聞；印刷；新聞界；出版界；通訊社

press communique 新聞公報

pressure *n.* 壓力；強制；緊迫，緊急，艱難；困苦；電壓

presumable *a.* 可假定的，可推測要，可推定的，可能的

presume *v.* 推定，假定，假設；擅自，敢於；濫用，利用

P

presumption *n.* 假定，推測，設想，推定；推斷；作出推論的根據（或理由、證據）；事實的推定

presumption of fact 事實的推定

presumption of good faith 善意推定

presumption of guilt 有罪推定

presumption of innocence 無罪推定

presumption of law 法律上的推定（指根據法律的規定，法院和法官應從一項特殊的事實或證據中引申出一項特殊的推斷）

presumption of negligence 過失推定

pretence *n.* 假裝；借口，託詞；（無事實根據的）要求；虛假

pretend *v.* 藉口，託詞；假裝，裝作；妄求；自稱

prevailing *a.* 占優勢的；盛行的，通行的；有力的；主要的

prevailing opinion 占優勢的意見，最普遍的意見

prevailing party 勝訴的一方

prevention *n.* 預防，防止；阻止，妨礙；預防法

prevention of crime 預防犯罪，防止犯罪

preventive meaures 預防措施

previous *a.* 以前的，生前的；前述的，上面提及的

price *n.* 價值，價格；代價；（對殺死或捉拿某人的）賞金，（賄賂的）金額

price difference 差價

prima facie 初步的；表面的

prima facie case 有表面（或初步）證據的案

件，有希望立案的案件

primary *a.* 主要的，首要的；基本的；初步的；原來的，初級的

prime minister 總理，首相，內閣總理，內閣大臣

principal *n.* 本人，當事人；委託人；主犯，正犯，（共犯的）首犯；第一被告；被保應付款的本人，債務人；本金，母金，資金；祖傳動產（指家族相傳的物件）

principal and accessory 主犯和從犯

principal and agent 本人（指委託人）和代理人；雇主和代理人（指職工）

principal and interest 本和利，本息

principal *a.* 主要的，重要的，為首的，第一位的

principle *n.* 原理，原則；方針；政策，要素；主義

principle of equality 平等原則

principle of fairness 公正原則

principle of good faith 誠信原則，善意原則

principle of international law 國際法原則

priniple of presumption of innoncence 無罪推定原則

print *n.* 紋；印；痕跡；印刷（品）；相片；圖片

prior *a.* 在先的，在前的；優先的，更重要的

priority *n.* 優先順序；優先，優先權；重點；優先配給；（保險）自留部分

prison *n.* 監獄，牢獄；看守所，拘留所；監禁（參見gola；jail；penitentiary）

P

prison violence 監獄暴動

privacy *n.* （個人）秘密；隱私；隱退，隱居

private *a.* 私人的，個人的；私有的，私營的；私設的，秘密的；平民的

private company 私營公司，不公開的公司

private international law 國際私法

private law 私法

private nuisance 私人妨擾，妨害私人利益的行為；妨害個人的事物

privilege *n.* 特權；特惠；特殊利益

privilege of self-defence 自衛權

privilege *v.* 授與特權；特許

privileged *a.* 特許的；有特權的

privileged communication 法律上特許可能洩露的內情；有特權的通信；免責通信

privileges and immunities 特權和豁免權

privity 共同與聞的秘密；暗中參與；秘密，私事；默契；私下知悉；（由法律或契約規定的對同一權利的）有關當事人的相互關係

privity of contract 契約有關當事人的相互關係；（與契約當事人一方有關係而產生的）非契約當事人的權益

prize *n.* 戰時捕獲；俘獲品，戰利品；（獎）品

pro 為了，按照

pro bono 為了（某人的）利益，慈善的（指免費提供幫助等）

pro et contra （贊成）擁護和反對

pro forma 形式上；由於形式上的理由

pro rata 按比例計，成比例地

probability *n.* 可能性，或然性；機會；蓋然率，概率

probable *a.* 大概的，很可能的；似乎確有的，或有的

probable cause 可能的原因；（相信被告有罪的）合理的根據

probate *n.* 遺囑的檢驗；經過檢驗的遺囑；遺囑認證

probation *n.* 檢驗，驗證；鑑定；見習，試用；見習期；試用期；察看（以觀後效）；感化犯人；緩刑考驗（指對判處輕刑犯人根據犯罪情節，認為適用緩刑可保不再危害社會的，可以宣告緩刑，用緩刑考驗來代替服刑。）

probe *v.* 調查，查究探索；徹底調查

problem *n.* 問題，難題

procedural *a.* 訴訟程序的，訴訟程序上的；有關訴訟程序的

procedural law 程序法，訴訟法

procedural right 訴訟上的權利

procedure(s) 程序；手續；辦法；議事程序；訴訟程序

procedure of first inatance 第一審程序

procedure of second instance 第二審程序

proceed *n.* 所得；（複）收入，收益，變賣所得的錢

proceed *v.* 進行；繼續進行；發生；起訴；進行訴訟程序

proceeding *n.* 行動，經過；處置；（訴訟）程序；（複）訴訟，記錄，會議錄，事項

process *n.* 訴訟的進行（指法院用傳訊或傳

P

票命令被告到庭受審）；刑事檢控的進行程序；訴訟過程中的各種命令；傳票；訴訟程序；手續；處理

process *v.* 對……起訴；對……發出傳票；處理，辦理；加工

proclaim *v.* 宣布，宣告，公布；以法律制止，宣布，禁止；對……以法律管制；表明，顯示

proclamation *n.* 宣告，宣布，布告，公告；宣言書，聲明書

proctor *n.* 代理人；代訴人；監督人；監考人

procuration *n.* 代理（權）；委任狀；賦予權力；（對代訴人等的）委任；介紹費，佣金；淫媒業，淫媒

procurator *n.* 代理人；訴訟代理人，代訴人；檢察官；（古羅馬的）地方稅收官

procure *v.* （努力）取得，獲得；實現，達成；完成；促成，誘使；引誘婦女賣淫；（設法）提起訴訟

procurement *n.* 取得，獲得；達成；促成

prodigal *n.* 浪費者；浪子

produce *v.* 提出（理由）；展現；出示（證據）；引起；生產，出產，製造

production *n.* 生產，製作，工作，著作；提出；提供；生產物，製品；著作，作品

productive *a.* 生產的，多產的；有生產價值的

profess *v.* 表示，聲稱，承認；自稱，冒充，假裝；公開聲明，公開說明

profession *n.* 職業，專門職業；專業；宣言；

自白，表白；自稱，自認

professional *a.* 職業上的；專業上的；從事專門職業的

profit *n.* 益處，收益；受益權；盈餘；利潤；紅利；利潤率

profit and loss account 損益帳

profit and loss statement 損益表，損益計算書

profit *v.* 得益，得到；有益，有益於，有利

profitable *a.* 有益的，有用的，有利的；有利可圖的

prognosis 預後；預測；預知

program (me) *n.* 課程（表）；程序（表）；計劃；節目，節目單

progressive *a.* 累進的，漸進的；進步的，先進的

prohibit *v.* 取締；禁止；阻止，妨礙

prohibited *a.* 被禁止的，違禁的

prohibited area 禁區

prohibition *n.* 禁止；禁令，禁律；禁制（令）；上級法院禁止下級法院對無權審理的案件的）訴訟中止令；禁酒

project 方案，計劃，規劃；工程；（工程、研科等）項目

prolong *v.* 延期，延長，拖延

prolongation *n.* 延期；延長

promise *n.* 許諾，諾言，約定；允諾；字據允諾的東西；（有）希望，（有）指望；預示

promise *v.* 訂約，立約；約定；許諾，允諾，作出保證；有希望

promisee *n.* 受約人；承諾人

P

promiser (promisor) *n.* 約束者，訂約者，立約人；要約人

promissory *a.* 表示允諾的；約定的，訂約的

promissory estoppel 允諾後不得否認的原則

promissory note 本票，期票

Promoter *n.* （企業）發起人，創辦人；推銷商；（惡意的）煽動者；帶頭者（人）；（古代代政府告發罪犯的）公眾告發人；（宗教裁判的）起訴人；揭發人

promotion *n.* 促進，增進；提升，晉升；（商品的）推銷；（企業的）發起，創設

prompt *a.* 立即行動的；迅速的；乾脆的；果斷的；當場交付的

promulgate *v.* 頒布，公告（法律、法令）；散播；傳播（信仰、知識等）

promulgate a decree 頒布法令

promulgation *n.* 頒布，公布；散播；傳播

pronounce *v.* 宣布，宣判；宣稱，宣告；表示，作出判斷

pronouncement *n.* 宣判；宣布；宣告；聲明，文告，公告

pronouncement of judgment 宣告判決，宣判

proof *n.* 證據，物證；（口頭或書面）證詞，證明；（蘇格蘭）法官單獨審理證據（以便與陪審團的相對比）；校稿，校樣

proof beyond a reasonable doubt 可靠證據，證實無可置疑

proper *a.* 適合的，適當的，恰當的，正當的

property *n.* 物（權）；財產權；所有權；財產（指一切合法的動產和不動產；goods指動產；effects則指私人的所有物，如傢俱，

工具，衣物等）

property loss 財產損失

property right 物權，財產權，產權

proponen *n.* 提議者；辯護者；支持者；提出認證遺囑者

proportion *n.* 比，比例，比率；均衡；相稱；調和；部分

proportional *a.* 按比例的，相當的，相稱的

proposal *n.* 申請；方案；動議，建議，提議；求婚；（英）投標

propose *v.* 申請，提議；提出；提名，推薦；求婚；計劃；打算

proprietary *n.* 所有權；（指個人或總稱）所有人，業主；（美國獨立前，英王特許獨佔某一殖民地的）領主；專賣藥品

proprietary *a.* 所有人的；有財產的；專有的，獨佔的

proprietor *n.* 所有主；業主；專利權人；所有人

proscribe *v.* （古羅馬）公布（死囚）的姓名；剝奪……的公權；摒棄於法律的保護之外；禁止；放逐；充軍

prosecute *v.* 告發，檢舉，對……提起公訴；實行，進行，執行，徹底執行；作檢察官

prosecuting *a.* 控告的，檢控的；起訴的

prosecution *n.* 起訴，檢舉；告發；被告發；（總稱）原告及其律師；檢察當局；（偶用於民事）提起訴訟；進行，實施；從事，經營

prosecutor *n.* 原告，起訴人；檢舉人；（通常指）檢察官（員）（參見public prosecutor）

prospective *a.* 未來的；預料中的，預期的

prospective damages 可預見的損害賠償

prospectus 招股章程；（募債）說明書（指公司招認股份或募債的說明書）；意見書；計劃書；發起書

prostitute *n.* 妓女，娼妓；出賣靈魂者，貪墨者（尤指為了圖利而粗製濫造的文人）

prostitute *v.* 使淪為妓女；賣淫；濫用（才能等）；出賣（名譽）

prostitution *n.* 操淫業；賣淫；濫用

protect *v.* 庇護，保護；警戒；防護；備款（以應期票的）支付

protected *a.* 受保護的

protection *n.* 保護，庇護；保護者，保護物；通行證；護照；保護貿易制度；（美）（罪犯通過賄賂而取得的）免予起訴

protection of one' personality 人格保護

protection of environment 環境保護

protectionist *a.* 保護（貿易）制的

protective *a.* 保護的；保護貿易的

protective measure 保護措施，安全措施，保安措施

protest *n.* 明言，主張；抗議；異議；反對；抗議書；船長海事報告書；船長證明書（通常指證明船的損失由災難造成的證明書）；貨船損失證書（指因貨物或船舶受損而由船長寫的證明，備以後賠償糾紛使用）；（對票據等的）抗議書

protest *v.* 明言，斷言，主張；抗訴，抗議；不服，反對；拒付（票據等）

protract *v.* 延遲，拖延，延長

prove *v.* 證明，證實；檢驗；試驗；考驗；認證（遺囑等）

provide *v.* 提供；扶養（for）；贍養（for），提供生計；裝備；供給；預防（against）；作準備（for）；規定，訂定

provided by law 按法律（或法規）所規定

provided that 只要，但

provider *n.* 供應者，供養者；準備者

province *n.* 省；地方；（學術的）領域；部門；活動範圍；職權；（法官、法院、陪審團的）司法管轄（或職權）範圍

provision(s) *n.* 條文，條款，規定；供應，給養；糧食；供應品；預備；防備；措施；準備

provisional *a.* 暫時的，暫時性的，暫行的

provisory *a.* 有附文的，附帶條件的；一時的，臨時的，暫定的

provocateur *n.* 挑釁者；挑撥者；煽動者

provocateur agent 煽動分子

provocation *n.* 挑釁；激憤；激怒；挑撥；刺激

provoke *v.* 刺激；煽動，激怒

proximate *a.* （場所、時間、次序等）最接近的；貼近的；近似的，前後緊接

proximate cause 近因；最近原因

proximate damages 最接近的損害賠償

proxy *n.* 代理；代理（權），代表（權）；代理人，代表人；（對代理人的）委託書；委託代表；代理投票

psychological *a.* 心理上的，心理學的

P

psychologist *n.* 心理學家
psychopatherapy *n.* 心理療法，精神療法
psychotic *n.* 精神病患者
public *n.* 群眾，大眾，民眾；公眾（the public）
public *a.* 公共的，公眾的，公有的，公用的；政府的，公家的，公立的；公共事務的；為公的；知名的，突出的
public administration 公共行政；行政管理；行政
public administrator 公定遺產管理人
public affairs 公開事務；國家事務
public authority 公共機構，政府機構
public benefit 公益
public building 公共建築物，國家建築物
public company 公營公司；（美、英、法等國）公益公司（又譯：公公司，指基于公益的，由政府投資並控制的公司）
public corporation 公法人；公共事務行政機構
public good 公益，社會利益，社會風尚
public harm 公害
public interest 公共利益，公眾利益
public international law 國際公法（又譯：國際法）
public land 公有地，公地
public law 公法
public notice 公告
public nuisance 公害；（法律上禁止的）妨害公共利益的行為；妨害大眾的事物
public property 公有財產，公產
public record 政府機構（依法保存備查的可作

證據用的）備案材料

public right 公權

public safety 公共安全（指國家可行使警察權力制定法規予以保護的公眾安全）

public security 公安；治安

publication *n.* 出版物，發行物；出版，發行；發表，公布；散布（指有損他人名譽之類的小道消息）

publicity *n.* 宣傳，廣告

publish *v.* 出版，發行；發表，公開

publisher *n.* 發行人；出版者；報刊發行者；發表者，公布者

publishing right 出版權

punish *v.* 罰；懲罰；處罰；痛擊，折磨，損害

punishable *a.* 該罰的，可受懲處的

punishment *n.* 罰，處罰；刑罰；痛擊；折磨；損害

punitive *a.* 刑罰的，懲罰性的；結予懲處的

punitive damages 懲罰性的損害賠償費（參見exemplary damages）

pupil *n.* （有監護人的）未成年人，被監護人；（中、小學）學生；學徒

purchase *n.* 買，購買；所購物；土地年租，土地每年的收益；有償獲得物；收益；置得（指靠自己勞動所得而非繼承的財產）；獲得物；贓物；起重裝置，繩索，絞盤

purchase and sale 買賣

purchase and sale contract 購銷契約

purchase *v.* 買，購買；購置；置得（房屋、地產等）；使用起重裝置

P

purchaser *n.* 買主，購得人
purchasing power 購買力
pure *a.* 純粹的，單純的，純潔的；無瑕的，無錯的，完美的；純潔的，貞潔的；完全的，十足的
purport *n.* （文件等）意義，主旨，目的，企圖
purpose *n.* 目的；意向；決心；宗旨
purposeful *a.* 有意圖的，有目的的，故意的
pursuant *a.* 追趕的，追求的；依據的，按照的（to）
pursuant to law 依法，按照法律
pursue *v.* 控告，起訴（for）；追趕；追蹤；追捕；追擊；追繳；追求，尋求；進行，從事，實行，繼續
pursuit *n.* 追捕；追求
put *v.* 放；擺；裝；使處于（某種狀態）；使從事；把……用于；使受到（to）；驅使，迫使，促使
put in force 施行
put in (into) practice 實行
put into operation 實施
putative *a.* 被公認的；推定的，假定的

Q
q

Q

qualification *n.* 資格；合格性；合格證明；限制條件；限定；賦予資格

qualified *a.* 有資格的；能勝任的；合格的；有限制的；合式的；可採用的

qualified majority 特定多數

qualified privilege 特有權

qualify *v.* （使）合格，（使）具有資格；證明……合格；授權予，准予；限制，限定

quantitive *a.* 量的，數量的；定量的

quantity *n.* 量，分量；數量；（複）大量，大宗

quantum meruit 按照服務計酬；相當的付給；（無契約規定時）按合理價格支付

quarantine *v.* （在港口對船舶等的）檢疫；檢疫所；檢疫期；（因傳染病、流行病對人等的）隔離；隔離區；（在政治、商業上的）隔絕；（英）寡婦居留期（以前在丈夫死後，寡婦可留住亡夫的住宅直至獲得亡夫產業的分配時止。）

quarrel *v.* 爭吵，吵架；與……不和

quarter *n.* 四分之一，四等份；季度，付款的季度；區域；方位；（複）住處；（受刑者被支解後的）四分之一屍體

quasi *a.* 準；類似；半

quasi-contract 準契約

query *n.* 質問，訊問，疑問

quest *n.* 尋求，追求，探索；驗屍陪審團；驗屍調查

question *n.* 發問，詢問；問題，議題；疑問；（法庭上的）爭端；爭論點；（對問題的）投票表決；（待表決的）提案，提議

question at issue 爭論中的問題
question in dispute 爭執的問題
question of fact 事實問題
question of law 法律顧問
question of procedure 程序問題
question *v.* 詢問；訊問；審問，審查；爭論；提出異議
questionable *a.* 可疑的；有問題的；不可靠的
quick *a.* 迅速的；流動的，敏捷的；性急的
quid pro quo 相等的補償或報酬；交換條件；對價
quiet *a.* 安靜的；靜止的，溫和的，平靜的
quit *v.* 離開，放棄（思想、行動、職業等）；解除，免除；償清（債務等）；（美）停止；離開，遷出
quit claim 放棄權利
quitclaim *n.* 放棄要求，放棄權利；（產權或其他權利的）轉讓契約
quorum 法定人數；（英）（總稱）治安法官；治安法官法定人數（指英國法庭開庭時必須達到的治安法官人數）
quota *n.* 定額，配額；限額
quotation *n.* 引文；引證；牌價，行市，行情，報價單；估價（價位）

R
r

race *n.* 人種，種族；民族；家族；血統，家系，門第

racial *a.* 人種的，種族的，種族間的

racial discrimination 種族歧視

racial segregation 種族隔離

racism *n.* 種族主義；種族歧視；種族歧視（隔離、迫害等的）主張（或行為）

raid *n.* （警察的）突然搜查；搜捕；襲擊；侵入；（對公款等的）非法盜用；搶劫公款；故意造成股票猛跌的行為

R

raid *v.* 襲擊，侵入；搜查；搶劫

raise *v.* 提出；舉起；引起；增加，提高；籌措，產生；惹起；使出現；塗改支票；結束；解除

raise an issue 提出爭論點

raise funds 籌措資金

raison d'êre 存在的理由

random *a.* 隨意的，無目的的，胡亂的

rank *n.* 秩序；社會階層；身分；地位；等級

rank *v.* 把……分等，分類，列於；對破產者的財產有要求權

ranking *n.* 等級，順序

rape *n.* 強姦；強姦罪，洗劫；強奪

rape *v.* 強姦，犯強姦罪；洗劫，強奪

rapporteur 負責整理編輯報告者；（國際會議商談條約時的）主要起草人

rate *n.* 比率，利率；價格；等級；（複）（英）地方稅，捐稅

rate *v.* 對……估價，評價；認為；征地方稅；定稅率；定（船或海員的）等級；申斥，叱責

ratification *n.* 承認；批准；追認（指代理人和他人訂立契約，但事前未得到他的委託人授權，後來委託人追認那個契約）

ratification of contract 契約的追認

ratification of treaties 條約的批准

ratify *v.* 批准；承認，認可

ratify a treaty 批准條約

rating *n.* 評價；估價；定額；等級；申斥，責罵

ratio *n.* 比，比率；比例

rational *a.* 合理的；理性的；推理的

rationale *n.* 基本原因；基本原理；理論基礎

reaction *n.* 反應；反作用；反動

read *v.* 讀，閱讀；攻讀，學習；解釋；宣讀；規定；書寫

real *a.* 不動產的；真正的；現實的，實際的

real estate 不動產；房地產

realism 現實主義

reality *n.* 現實；實在存在的事物；實在性；實體；實物

realize *v.* 認識到，了解；實現；（把證券、產業等）變賣為現金；（因出售、投資等而）獲得（利潤等）

realty *n.* （與personalty相對，參見personalty） 不動產，房地產

reason *n.* 理由，原因；道理；理性；情理；理智；明智；前提

reason *v.* 推理，推想；思考；辯論，討論

reasonable *a.* 合理的，公道的；正當的，適當的；理智的

reasonable and probable cause 合理及可能的

理由（指原告深信被告有犯罪可能的事實，即使任何明智者處於原告的地位，審核當時的情況，加以理性判斷亦會得出合理及可能的由）；相當的原因（常用來作非法拘留或惡意控告的訴訟的辯解，就是說被告那樣做是有相當原因的。）

reasonable doubt 合理的懷疑（用於陪審團認為超出合理的懷疑，不能證明被告有罪，就應將被告釋放的場合，參見beyond a reasonable doubt.）

R

reasonable force 正當的武力（指為保護自己或一個人的財產而使用的適當的力量）

reasonable period of time 合理的期間，相當期限

reasonable time （提示票據的）合理時間

reasoning *n.* 推理，推論；論證，論據

rebel *n.* 造反者，反抗者；反叛者；叛徒

rebellion *n.* 造反；反叛，叛亂；反抗，對抗

rebus sie stantibus 情勢變遷原則

rebut *v.* 辯駁，反駁，駁回；揭露，揭穿；舉出反證

rebutment *n.* 反證，反駁

rebuttable *a.* 可反駁的，可辯駁的，舉出反證的

rebuttable presumpion of law 可於駁回的法律推定

rebuttal *n.* 辯駁，反駁，駁回；反證，駁回的證據

rebutting evidence 反駁證據（指用於反駁法律或事實的推定而使推定不能發生效力所舉的證據）

recall *n.* （尤指由公民投票對官員的）罷免，罷免權；召回，撤回；撤消、取消；回收（指製造商對於有缺點的商品自動要求回收）；回想，回憶

recall *v.* 收回；取銷，撤銷；召回，叫回；回憶起；恢復記憶；罷免

recapture *n.* 奪回；收復物（指收復被掠劫的船隻，財物），再獲得之物；政府的征收（指超過定額的部分收益）；重新占領；再獲得；合法收回（從前的領土、財產等）

receipt *n.* 收到；收條，收據；（複）收到的物（或款項）；收入；（古）稅務局（=recipe）

receipt of payments 錢款的受領

receivable *n.* 應收票據；應收款項；可收到的帳目或帳單；（複）可領取的帳目或帳單

receive *v.* 接到，收到；接受；接見；受理；聽取

receiver *n.* 接受人，收款人，接待人；接受贓物者，贓物商；接管官（指法院委派來接收財產和利益然後向法庭報告的人）；破產事務官（亦稱破產管理人，指破產訴訟中臨時接收破產人的財產的法院官員）；收管人（按精神衛生法指由法官任命的保護精神混亂者的人）

reception *n.* 接待，接見；接收，接納；招待會

recession *n.* 退回；撤回；（領土的）歸還；交還原主；經濟衰退現象

recipient *n.* 受領人，接受人；受援者；受援國

R

reciprocity *n.* 相互關係，交互作用；交換，交流；互惠；相互的權利與義務

reciprocity clause 互惠條款

recital 敘述，評述；列舉；（契約等中）陳述（或證明）事實的部分；（證書的）說明部分；引述語

recite *v.* 書面陳述（事實）；敘述，列舉

reckless *a.* 不注意的，粗心大意的；魯莽的

recklessness *n.* 魯莽，粗心大意

reclamation *n.* 要求歸還，收復；再生；回收；改造，感化；開拓

recognition *n.* 認出；識別；認識；承認，認可；公認

recognition de facto 事實上的承認

recognition de jure 法律上的承認

recognize *v.* 具結；審案；認識；承認；自認；公認；認可；准許

recommend *v.* 介紹，推荐；勸告；建議；託付

reconcile *v.* 使調解，使和解；調解，和解

reconciliation *n.* 媾和；和解；調停；調解

reconstruction *n.* （大陸法）反訴；交叉起訴，交叉訴訟

record *n.* 記錄，記載；登記；訴訟記錄（指保存在法院裏書面的真正的證據和文件）；履歷，經歷；報告；案卷，檔案；訴訟；公判錄；錄了音的磁帶

recorder *n.* 書記；記錄員；掌券官；（英）（一個城市或一個自治市的）首席司法官，（四季法院或自治市法院的）法官；錄音機；記錄器

recording *n.* 記錄；錄音

recoupment *n.* 扣除；補償；付還；付還之款；補償物；求償權，補償損失

recourse *n.* 追索權，求償權，償還請求

recover *v.* 重新獲得；重新找到；收回；恢復；（根據法律程序）取得；勝訴

recover damage 補償損失

recovery *n.* 恢復；追索；財產收回（指用訴訟收回被非佔據或扣留的土地或財產）；取得某項權益

recruitment *n.* 招募（新兵等）；補充，充實；恢復（健康）

rectification *n.* 糾正，矯正；調整；校正，改正

redeem *v.* 買回；贖回；償還；償清；履行（諾言）；補償；彌補（過失）；補救；恢復（權利，地位等）；挽回營譽

redeemable (=redemptible) *a.* 可贖回的；（證券等）可換回現金的；能改過自新的；可補救的；可挽救的

redeemer *n.* 贖買者；（諾言等的）履行者，償還者，回贖者；補救者；拯救者

redemption *n.* 買回；贖回；回贖權；償還，還清；補償；（諾言等）的履行；（證券）變賣成現金；改善；修復

redress *n.* 改正，矯正；糾正；補償；補救；調整；平反

redress *v.* 補救；矯正，糾正，改正，平反，處理，再整理

reduce *v.* 減少，減輕；降低；使變為（to）；改變（狀況等）；使淪為，使降級；降職

reduction *n.* 減少；（刑罰等的）減輕；折扣；還原，回復

reduction of capital 減少資本

redundancy *n.* 多餘事項（指訴訟答辯中與訴訟無關的事項）；冗長，累贅，多餘的東西

reentry *v.* 再進入；重新登記；收回租借物（指收回被承租人所租借的房屋、土地）；回復土地所有權；再獲所有權

reentry permit 批准（或准許）外籍僑民重新遷入（本國）；回鄉證；國境證

refer *v.* 把……歸諸；把……提交；把……委託；提到；涉及；有關；查問；參考

refer a matter to a tri bunal 把某事提交法院審理（解決）

reference *n.* 交仲裁人裁定；公證人的裁定（指公證人對事件的決定）；參考；涉及；提交；委託；職權範圍；證明書；（品行、能力等的）證明人，保證人

referendum(複referenda, referendums) *n.* 公民投票，公民投票權；複決（權）；國民複決；（外交官對本國政府的）請示書

reflect *v.* 歸咎於損害；損害（名譽）（與on連用）

reform *n.* 改革，革新，改良；改造；使改過自新；感化

reformatory *a.* 意在改變的，意在感化的

refrain *v.* 抑制，制止；禁止

refresh *v.* 使恢復精力，恢復記憶；補充；補足；提神，恢復精神

refuge *n.* 安全，保護；避難處，避難所；慰藉物

refugee *n.* 避難者，流亡者；難民；逃亡者
refund *v.* 歸還；償還；（用銷售債券收入）償還債務；發新債券取代舊債券；退款
refusal *n.* 拒絕；謝絕；取捨權；先買權
refuse *v.* 拒絕；拒受；拒給；不願
refute *v.* 反駁，駁斥
regain *v.* 收回，重新獲得；恢復（原職，健康，智力等）
regain possession of 重新獲得……所有權，恢復……佔有
regime *n.* 政體；政權；統治；制度
region *n.* 地區，地帶；範圍，領域；層；行政區
regional *a.* 地區的，局部的；區域性的
register *n.* 名單，名簿；註冊；登記；登記冊；海洋證明書；記錄器；寄存器；記錄冊；登記為選民
register *v.* 登記，註冊，掛號（郵寄）
registered *a.* 已註冊的；已登記的；掛號（郵寄）的
registrar *n.* 註冊主任；登記官員；負責登記股票轉讓的信託公司（或銀行）的人；註冊官
registration *n.* 登記；註冊；登記證
registration certificate 登記證明書；註冊證書
registry *n.* 登記，註冊；登記處，註冊處；登記簿，記錄簿；商船的登記國籍；書記官處（國際法院）
regret *n.* 懊悔；悔恨；抱歉；表示遺憾
regret *v.* 懊悔；悔恨；抱歉；（複）歉意
regular *a.* 通常的，正常的；依法的；循規的；

有秩序的；正式的，正規的；習慣性的；常備的；有規律的

regulate *v.* 管理；管制，控制；調整，使遵守規章；調節；整頓；規定

regulation(s) *n.* 管理辦法；規則，規章；條例；管理規定；管理；管制，控制；調整；調節

regulatin in force 現行規則

regulatory *a.* 規範的；規章的；制定規章的

regulaory framework 規章制度

R

rehabilitate *v.* 恢復（原有職位，地位，權利，名譽等）；使恢復心理健康；修復

rehabilitation *n.* 恢復，修復；復權，復職；復位；恢復名譽；身心康復

rehearsal *n.* 詳述；列舉事實；復述

reign *n.* 王權，君權；君主統治，統治；統治時期

reign *v.* 為王，為君；統治；盛行，佔優勢

reinstatement *n.* 恢復權利；復原；復職；復位

reinsurance *n.* 再保險；轉保險；分保；再保險金額

reinsure *v.* 再保險

reiterate *v.* 重述，重申；反覆地做；反覆

reject *v.* 抵制，拒絕；駁回，否決；驅出；丟棄

reject a complaint 不受理申訴

reject an appeal 駁回上訴

rejection *n.* 拒絕，抵制；駁回，否決

relation *n.* 關係；家屬；親屬；親屬關係；（複）（特殊的）關係；性行為；敘述；

（英）（向檢察長告發而使其起訴的）告發；追溯效力

relationship *n.* 親屬關係；關係

relative *n.* 親屬，親戚

relative *a.* 有關係的；相對的；比較的；相應的；有關的

relax *v.* 放鬆，放寬，緩和；減輕（處罰，課稅等）；解除疑慮

relaxation *n.* 放鬆，放寬；減輕（處罰，課稅等）

release *n.* 釋放；免除；解除契約；棄權；讓渡；發表，發行

release from the cotract 免除契約義務

release of debt 免除債務

release *v.* 解放，開釋；解除，免除；准予發表；讓與（財產等）；放棄（權利等）

relegate *v.* 流放；判流放刑；驅逐，放逐；貶謫；使……降級（降位）；把……歸於；把……委託（移交）給（to），使歸於（某類……）

relevancy (=relevance) *n.* 關聯性；中肯，恰當

relvant *a.* 有關的，相關的

relevant facts 有關事實

reliable *a.* 可靠的，可信賴的；確實的

reliance *n.* 信任，信賴，信心；依賴的人（或物）；可靠的人

relief *n.* 減輕；免除；免責；救濟；（損害賠償上的）法律補救方法（指英美法上的原告在損害賠償訴訟裡，請求衡平法法庭給予救助）；土地繼承的獻納（指繼承土地時繳

給領主的財物）

relieve *v.* 免除；減輕；救濟；使免除；使解除

religion *n.* 宗教，宗教信仰，信仰

religious *a.* 宗教的；宗教上的，宗教信仰的

relinquish *n.* 讓與（權利、財產等）；把……交給；放棄；撤回；停止；棄權

relocation *n.* 更換（新）租約；重新安置；遷移

reluctance (=reluctancy) *n.* 不願，勉強；因勉強而行動遲緩

R

reluctant *a.* 不願的，勉強的；難以處理的；難駕馭的；頑抗的

remain *v.* 停留，居住；繼續，依然；剩下，留下

remainder *n.* 剩餘物；餘產；剩餘遺產；地產的指定繼承權，繼承替代；存貨

remand *v.* （將犯人或被控人）還押；押候；發回（案件）至下級法院重審

remand for retrial 發回重審

remedial *a.* 補救的；補償的；矯正的

remedial measure 補救措施

remedy *n.* 法律補救方法；補救；補償；糾正；改善；去除弊病

remedy for breach of contract 因違反合同而要求補償

remedy *v.* 補救；糾正；抵銷；消滅

reminder *n.* 提醒者；助人記憶的事物

remise *v.* 放棄；讓與；讓渡（權利，財產等）；立契出讓

remission *n.* 寬恕；赦免；免罪；（債務，

捐稅等的）免除；豁免；減輕；發還下級法院；（國際私法中的）反致

remit *v.* 寬恕，赦免；豁免；（債務，捐稅等的）免除；免於（處罰）；減輕；緩和；減退；提交，移交（問題等）；匯款；匯撥；（將案件）發回下級法院重審；還押；將……呈送某人請求裁決

remorse *n.* 悔恨，自責，懊悔；同情心

remote *a.* 間接的；遙遠的；遠親的；關係遠的；輕微的

remote cause 遠因，間接原因

remote damage 間接損害

removal *n.* 解除，撤換，免職；轉移（人或物）移動，調開；排除（障礙等）

remove *v.* 移動，搬開，消除，去掉；免職，撤去；移交（案件）；殺掉，暗殺

remuneration *n.* 報酬，酬金；補償，賠償

render *v.* 作出（判決、裁決）；判處；表示；匯報；開出（帳單等）提供；提出（理由）；呈遞；執行；實行，實施；放棄，讓與；給予，給付，納貢

renegade *n.* 叛徒，變節者，逃兵

renew *v.* 更新；重新開始；換發；准予（契約）展期

renewable *a.* 可更新的；可繼續的，（契約等）可展期的

renewal *n.* 重訂，續訂；（契約等的）展期，更換；恢復，復原；更新；重新開始；補充，加強，修補，重申

renounce *v.* 與……脫離關係，拒絕承認（子女等）；拋棄，放棄

R

R

rent *n.* 租，租金，租費，房租，地租；（任何生產事業的）純利；租入，租用

rental *n.* 出租，出租業；租費，租金（額），租金收入；租金登記期；租冊；出租的財產

renunciation *n.* 放棄。拋棄；脫離關係；（對子女的）拒絕承認；（對權利等的）放棄聲明書，拒絕承認人

renvoi *n.* 驅逐外國人（尤指外交官員）出境；（國際私法中的）反致

reopen *v.* 重開；重新進行；再開始，繼續

repair *n.* 修理，補救；使恢復；（複）修理工作，補償，補救，賠償；修理完善（從法律方面講與in good repair, sufficient repair無大差別）

repair *v.* 賠償（損失等），補救；糾正，修理，修補，恢復

reparation *n.* 補償；（常用複）賠款，賠償；彌補，補救

repatriate *n.* 遣送；遣返（回國）；調回；調入

repattriation *n.* 恢復國籍（指恢復失去的國籍）；（把外國人）遣送回國；遣返

repay *v.* 償還，付還；報答；報復；補償

repeal *n.* （法律，法令，判決等的）廢除，撤銷，撤回

repeal *v.* 撤銷，取消，廢止（有收回或作廢的意思。指一制定法的全部或一部分，被另一制定法廢掉。一般來說廢除rescind是用在廢除合同方面；撤銷revoke是用在撤銷契據deed方面，取消cancel是用在把文件某一部分劃線註銷方面，取代replace是用在以甲文

件取代乙文件方面）

repeat *n.v.* 重複，重做

repeated *a.* 反複的，再三的，屢次的，重複的

repentance *n.* 悔改，悔悟；後悔，懺悔

repetition *n.* 重複，重做；副本，複製品；要求歸還不當給付的金錢財物的訴訟

replace *v.* 撤換，替換，取代

replaceable *a.* 可歸原處的，可替換的；可撤換的

replevin *n.* 追回原物之訴，收回非法扣留的動產；收回不法取得動產之訴；發還財物令狀

reply *v.* 回答，答覆；（原告對被告）答辯

repondez s'il vous plait (=please reply) 請答覆（用於國際禮儀中宴會請帖，詢問能否出席，常簡寫為RSVP）

report *n.* 報告，匯報，記錄；（複）判例匯編；告發·揭發，控告；寫報導；報到

report *v.* 報告，匯報，記錄；（複）判例匯編；告發，揭發，控告；寫報導，報導

reporter *n.* 判決發佈人；法庭筆錄員；記者；報告人；匯報人；（複）（美）判例匯編

repossess *v.* 重新佔有；重新獲得；使重新佔有；收回

repossessed goods 收回貨物

repossession *n.* 重新佔有，收回

reprehensible *a.* 應受嚴責的，應受指責的；應受申斥的

representation *n.* 代位繼承；代表（身分）代表制度（指由選民選舉代表的制度）；

（常用複）一般陳述；申述；通知義務；正式抗議；外交交涉；代表國家的發言；（促使另一方訂約的）陳述

representative *n.* 代表；（代位）繼承人；訴訟代理人；（大寫）（美）眾議院議員，立法機構成員

representative *a.* 表現的，表示的；代表的，代理的；代議制的；代表性的，典型的

repress *v.* 鎮壓；壓服；阻止；抑制，約束（行為）

R

reprieve *v.* 緩刑，暫緩行刑（指中止執行刑事判決的刑罰，同reprieval）

reprimand *n.* 懲戒；申斥；譴責（指伊斯蘭刑法中的一種懲罰）；嚴責

reprisal *n.* 復仇，報復（被侵害的國家，對侵害國家的報復）（除戰爭外所施行的）報復性暴力行為；（複）賠償；報復行為

reprobate *v.* 譴責，斥責，指責；拒絕；摒棄

Republican Party （美）共和黨

republication *n.* 恢復撤銷遺囑；重新執行已撤銷的遺囑；再版；重新公布；再版本

republish *v.* 再版；再印刷；再發行；重新發表（公布）；再頒布（法令等）；重新（恢復）訂立遺囑

repudiate *v.* 與（妻）離婚；遺棄（妻子）；拋棄（孩子）；斷絕（與某人的）關係；拒絕接受；否認……權威（或效力）；否定；拒付，拒絕承擔（義務等）

repudiation *n.* 遺棄（妻子）；廢棄；否認；推翻；拒付（債務），拒絕承擔（義務等）

repudiator *n.* 休妻者；離婚者；拒付（債務）

者，拒絕承擔（義務等）者；賴債者，國債廢棄者

repugnant *a.* 不一致的；不相當的；矛盾的；令人反感的；敵對的；相斥的

repurchase *n.* 再購買，再買；購回

reputable *a.* 聲譽好的，可尊敬的

reputation *n.* 名聲；名譽；（英）公認證據（港譯：舊事物證據，指英證據法准許的在涉及公共利害的案件中採用舊文或提起訴訟時已死人物的陳述作為證據）

reputed *a.* 好名譽的，馳名的；號稱的，掛名的；一般公認的；一般認為的，公眾輿論承認的

request *n.* 要求，請求；請求書；請求得到的事物

request of permission 請求批准

request *v.* 請求得到；要求

request permission to 請求，懇請（允准）

require *v.* 需要；要求，命令

requirement *n.* 需要，要求；命令；規定；需要的事物，要求的事物，要件

requisite *a.* 需要的，必要的，必不可少的

requisite *n.* 必需品

res 物；事件；財產；標的；有體物；無體物；權利的客體

res communis 公共財產，公有物

*Res ipsa loquitur. The thing speaks for itself. 事情不言自明。（一般用於因疏忽而引起損害的訴訟中，指事件發生的本身已足以證明疏忽的行為。如開動的船舶碰著下錨的船舶）

res judicata 已判決的事件（指法庭就其系爭點已作出最後判定，使當事人或訴訟關係人間的權利因而臻於明確的事項。）；既判案件；已判決的事項

rescind *v.* 廢除，取消；撤回，撤銷；解除；宣告無效（參見repeal）

rescind an agreement 取消合約

rescission *n.* 廢除；取消，撤銷，解除；解約

rescission of a contract 契約的廢止

rescue *n.* 營救；援救；（對被扣留的人或物的）暴力奪回；（對被圍困地的）武力解圍（參見rescous）

rescue *v.* 援救，營救；暴力奪回（被扣留的人或物）；（對被圈地）以武力解圍；（國際法）暴力奪回（敵人的掠奪物）

rescuer *n.* 營救者；援救者；劫奪犯人者；非法釋放犯人者；非法奪回扣押物者

research *n.* 調查，研究，研究工作

reseize *v.* 奪回，取回；使恢復；使再具有

reservation *n.* （讓與或租賃財產時的）權益保留；（高級聖職人員的）赦罪權保留；（美）居留地；專用地；保留地，禁獵地，保留，預訂；限制條件，保留條件

reserve *v.* 儲備，保存；推遲，延遲；保留，留給

reserved *a.* 用作儲備的，保留的；預定的

reserved powers (residuary power) （美）（非憲法賦與的但為國家或人民）保留的權力

resettlement *n.* 重新定居；重予安置

reside *v.* 居住

residence *n.* 住宅，居所（一般指一個人繼續居住下去的地方）；居住；居留；居住期間，居留期

residence certificate 居留證件

residence permit 居住證；居留證

residency *n.* 住處；（駐紮在保護國的）管轄區

resident *n.* 居民，居住者；駐外（國的低於大使級的）政治代表

resident *a.* 居住的，居留的，常駐的；定居的

resident aliens 外籍居民，外僑

resident certificate 居民證

residential *a.* 有關居住的，房產

resign *v.* 放棄；辭去；把……交托給；辭職；屈從（於）；聽任（於）；再簽署；再簽字

resignation *n.* 放棄；辭職；辭職書；辭呈；順從

resignation from office 辭職

resistance *n.* 抵抗；反抗；抵制；反對；（大寫）（被占領國家的）地下反抗組織

resolution *n.* 決議；議案；決定；果斷，堅決；決心；消除；解釋，解決；已決定之物，決心

resolution passed 已通過的決議案

resolve *v.* 解決，解答；消除；決心，決定；決議

resort *n.* 憑借的方法，手段；常去的地方，聚集地

resort *v.* 求助，憑借；訴諸；採取（某種手段等）

R

resort to 訴諸

resort to force 訴諸武力

resource *n.* 辦法，對策；智謀，機智；（複）資源，物力，財力

respect *n.* 尊重；考慮；重視；關心；遵守；方面

respect *v.* 尊重；考慮；重視，關心；遵守

respond *v.* 回答；答覆；承擔責任，反應

respondeat superior 准委託人答辯（指由於僱佣關係，雇主應對雇員服務時所犯錯誤行為負責。因此對雇員的訴訟，雇主有答辯的必要，此時雇主以准委託人出現）；長官負責制（指上級長官應對下屬職務範圍之內的行為負責）

respondent *n.* 回答者，響應者；（學位論文的）答辯人；答辯人（指對請求書，傳票，上訴書，應作出答覆的人）；被告（尤指上訴及離婚案件的被告）

responsibility *n.* 責任；責任感；負擔；職責；任務；能力；可靠性

responsible *a.* 應負責任的；有責任的；能履行責任的；可靠的

responsible person 負責人

rest *n.* 休息；安靜；停止；住宿處；休息處；剩餘部分，盈餘，盤存和結算；（複）結算期（指帳目結算期間，例如半年結算一次等）

rest *v.* 休息；安心；停止；依據；信賴；自動停止向法庭提出證據；靜候處理（英美訴訟中的慣用語，指一方當事人提出他的全部證據以後，常說rest，或rest my case，意思

是靜候處理我的案件。）

restate *v.* 重新陳述；再申明；重申

restatement *n.* 重述，重申；再聲明；（對前述的話以新方式）再作陳述

Restament of the law of Contracts （美）《契約法注釋匯編》

restitute *v.* 恢復，復原；償還，歸還，賠償

restitution in integrum 回復原狀；恢復原狀

restitution *n.* 歸還（指非法取去他人的東西，歸還所有人。在習慣上常用以表示非法佔據房屋，土地，歸還給所有人）；恢復原狀，追復原物；要求恢復原狀的訴訟；賠償

restoration *n.* 復原；恢復；返還；復位；復職；復辟

restore *v.* 返還，歸還，把…交還；（使）恢復；（使）回復；（使）復辟；修復

restraint *n.* 限制，遏制；監禁，羈押；約束力；管束

restrict *v.* 限制，約束

restricted *a.* 受限制的；受約束的；侷限於某一團體或人群的；（美政府，軍隊）（最低的）密（級）（其他為confidential機密、secret極機密，top secret絕密）

restriction *n.* 限制；管制；帶有限制性的條件或規則

restrictive *a.* 帶有限制性的，約束性的

restructuring *n.* 改訂；重新組織

result *n.* 結果，效果；（美）（議院等的）決議；決定

result from *n.* 由於；由……引起

result in 產失；導致

resume *v.* 恢復；重新占用；重新開始
resume 梗概；摘要；簡歷
retail *n.* 零售
retail *a.* 零售的，零售商品的
retail dealer 零售商
retailer 零售商；（流言等的）傳播人
retain *v.* 留存，保留；聘僱（律師等）；留住；不忘，記憶
retainer *n.* 保留者；保留職務；（律師等的預聘）辯護費，律師聘請費；（遺產）保留權（指遺囑執行人或遺產管理人有保留死者財產權來還清死者的債務）；保留物；聘請狀師或（大）律師
retaliate *v.* 報復；反擊；徵收報復性關稅
retaliation *n.* 報仇，報復，回敬
retaliatory *a.* 同retaliative
retention *n.* 保留，保持；扣押，拘留；留置；（保險）保有額；記憶，記憶力
retire *v.* 隱居，隱退；退休；退席；收回（票據等），撤回
retire from office 退職
retired *a.* 退休的，已退休的；隱蔽的
retirement *n.* 退休金，退股，退隱之所；贖回，收回（股票，債券等）
retract *v.* 撤回，收回，取消（聲明，諾言，意見等）
retreat *n.* 撤退，退卻；避難所；（酗酒者或瘋子的）收容所
retroactive *a.* 追溯的，追溯既往的，有追溯效力的；可補發增加的工資的
retroactive effect 追溯效力

R

retroactive law 溯及既往的法律，追溯法

retrospective *n.* 回顧，回想；追溯，追溯力

retrospective *a.* 溯及既往的，有追溯效力的；追溯的

retrospective effect 追溯效力

retrospective law 有追溯效力的法律，追溯法

retrospective legislation 有追溯效力的立法

return *n.* （向法院）送還（傳票等）；歸還，報告；（複）收入；退貨；利潤；成果；（複）報告書；統計表；（選舉）結果報告；申報所得

return *v.* 歸還；回答，反駁；報告，匯報，宣告，正式宣布；（選區）選舉，選出

reus （大陸法、宗教法中的）訴訟中的報告；被控犯罪的人；訴訟當事人；被控犯罪的人；契約當事人

revenge 報復，報仇

revenue *n.* （國家的）歲入；稅收；收入；收益；（複）總收入；收入項目；稅務署（成局）

reversal *n.* 顛倒；倒退；反轉；推翻；變更；（下級法院判決的）廢棄，撤銷

reverse *v.* 逆行，反轉，顛倒；取消，廢棄；翻過來，顛倒過來

reverse a judgment 撤銷原判

review *n.* 回顧，檢討；檢查，檢閱；評論；（高等法院等的）複查（案件）

review *v.* 複閱，回顧；細察，觀察；複查（案件），複審；評論，批評

revise *v.* 修訂，修正，校訂，修改

revised text 修訂文本

revised version 修訂本

revised statute 經修定的成文法

revision *n.* 修訂；修正；校訂；修改

revision of bylaws 修改章程

revocable *a.* 可撤回的，可廢除的，可取消的

revocation *n.* 撤回；廢除；取消；失效；取消或撤銷（要約等）

revocation of an offer 要約的撤回

revoke *v.* 收回，撤回；撤消；廢除；廢止，取消（法律，允諾等），宣告……無效（參見repeal）

R

revolt *n.* 謀反，叛變，造反，反抗，背叛

revolution *n.* 革命；劇烈變革；徹底改變；循環，循環一周

revolutionary 革命的

reward *n.* 報酬，報答；酬謝；獎金，獎賞；賞金

reward and punishment 獎懲，賞罰

reward payment 獎金

ride *v.* 騎；乘（車，船、飛機等）按制，駕馭；綁架謀殺；詐騙；欺壓，壓制

right *n.* 公正；正當；正義，公理；權利；權；認股權，購買新股的特權；（複）實況，實情，真相；右方，右翼

right against self-incrimination 不得自證其罪的權利

right and duty 權利與義務

right in dispute 爭執中的權利

right in personam 對人權

right in rem 對物權

right of arrest 逮捕權

right of detention 拘留權，扣押權

right of hot pursuit 緊追權（指警察為追捕重罪犯人有權跨越管轄界線，警察或官員為此可追入他國，同fresh pursuit）；當即追回（財產）權

right of lien 留置權

right of personal freedom 人身自由權

right of personal liberty 人身自由權

right of petition 申訴的權利；請願權

right of privacy 私生活秘密權；私人秘密權，隱私權

right of property 財產權

right of self-defence 自衛權

right of unborn children 未出生子女的權利

right to counsel （要求）獲得律師進行辯護的權利

right to due process of law 要求按法定程序審判的權利

right to equal and fair treatment 享受平等和公正待遇的權利

right to exclusive use 專用權

right to fair trial 要求公正審判的權利

right to move about freely 自由遷徙的權利

right to vote 選擇權，表決權，投票權

right *a.* 正確的，對的；合法的；正義的；正當的；合適的，正常的

rights in rem 物權

riot *n.* 放肆；暴動；騷亂；擾亂治安罪；暴動引起的危險

riparian *a.* 河岸的，沿岸的

riparian right 河岸權

ripe *a.* 成熟的，年長的；足夠的，十分的

risk *n.* 危險；冒險；（保險業中的）……險；危險率；保險金（額）；被保險對象（人或物）；風險；（複）險類

river *n.* 河流，江河，內河

road *n.* 公路；道路；行車道；途徑

roadway *n.* 道路，路面；快車道；車行道；路線

rob *v.* 強盜，劫匪

robbery *n.* 強盜（罪）；搶劫，劫掠；搶劫案

R

Roman Law 羅馬法

route *n.* 路，道路；（城鎮間客貨運輸的）路線；航線

routine *n.* 例行公事；慣例；常規

royal *a.* 王的，王室的；(R—)英國的，英國皇家的

rule(s) *n.* 對（某一案件的）裁決，裁定；規則，細則，章程，（確定性的）命令；法規；規律；習慣；通例；統治；管轄

rule of conduct 行為規則

rule of law 法律原則；法律規則；法治

rule of origin 原產地規則

rule of procedure 議事規則

rules and regulations 規章制度

rules of conduct 禮儀，禮節

rules of construction 解釋法律的則規

rules of etiquette 禮法，禮儀規定

rules of private international law 國際私法規則（指conflice rules衝突規範）

ruling *n.* 裁決，裁定，規定；統治，支配；

管理

ruling of final instance 終審裁決

ruling of final instance 初審裁決

ruling party 執政黨

rumo(u)r *n.* 謠言；謠傳；傳說，流言

run *v.* 逃；跑；進行；（機器等）運轉；追溯；追赴，追捕（查）；延伸；延續；成為，變為；散佈；（美）競選；經營；舉辦；通用，有效；一再出現；連續重現；偷運，走私；運送；賒欠

rupture *n.* 破裂，決裂，敵對；斷絕（關係）

rural *a.* 農村的，鄉村的；有關農業的

Russian *n.* 俄羅斯，蘇聯

S
S

sabotage *n.* 破壞行動（指工人在勞資糾紛中所從事的毀壞機器，浪費材料及怠工活動，也指被佔領國人民對佔領軍的破壞活動。）

sabotage *v.* 進行破壞，從事破壞活動；怠工，怠業

saboteur *n.* 破壞者，破壞份子；怠工者

sacred *a.* 神聖的，不可侵犯的；鄭重的

sacrifice *n.* 犧牲（品）；損失；無本出售的商品

sacrilege 撬門入教堂行竊（指撬門進入教堂在作禮拜的地方行竊。在英國，從前構成盜竊罪，現已廢止）；竊取聖物。

S

safe *n.* 保險箱；冷藏櫥

safe *a.* 安全的，沒有危險的；確實的，可靠的；可信賴的

safeguard *n.* 保護措施，保證條款；安全裝置，防護設施，（=safe—conduct）（尤指戰時的）安全通行證，護照；保護者，護送老，警衛員

safeguard *v.* 保護，維護，捍衛

safekeeping *n.* 妥善保護，妥善保管

safety *n.* 安全，平安；確實，穩妥；安全設備，保險裝置

safety belt 救生帶，（高空作業或飛機乘客用的）安全帶

safety devices 安全設施，安全裝置

said *a.* 上述的，該（人或事物等）

salary *n.* 工資，薪俸，薪金，薪水

sale *n.* 買賣；出售；拍賣；銷售（常指零售）

sales agreement 售貨合同

sales transaction 銷售（事務），交易

salvage *n.* 海上救助，海上打撈，救難，救助費；被救財物，被救船舶或船員；救助，救濟；財產的搶救

salvage *v.* 救難，救助；營救；打撈

same *a.* 同一的，相同的；上述的（與this，that，these，those等連用）

sample *n.* 貨樣，樣品；實例，標本

sanction *n.* 認可，批准，核准，許可；使法律得到遵守的附加條款（如償，罰等）；制裁；（常用複）國際制裁；制裁力；約束力；處罰；刑罰；罰則；罰款；罰金；處分

sanction *v.* 批准，許可；授權

sane *a.* 健全的；神智正常的；明智的；合情合理的；穩健的

sane person 神智清楚的人

sanitary *a.* 衛生的，關於環境衛生的；清潔的

sanity *n.* 精神健全，頭腦清醒；公正

satisfaction *n.* 賠償，償還；履行義務；補償；賠償物；滿足；滿意；清償（指可用其他東西來代替約定的東西以清償欠債）；（港譯：作訖）；報復；決鬥

satisfactory *a.* 令人滿意的；（契約）令當事人滿意的；（證據）充分的

satisfy 償還，補償，賠償；履行；滿足，解決；確信

save *v.* 救，挽救，搭救；儲存，儲蓄；節省；保全，保留；不失……時機

saving *a.* 保留的，除外的；救助的，補償的；節約的，儲蓄的

scale *n.* 標準刻度，標度；等級；比例；比率；規模；（複）天平

scan *v.* 細察，審視；瀏覽

scandal *n.* 醜事，醜聞；幹醜事的人；流言蜚語；惡意誹謗

scar *n.* 傷疤，傷痕；（精神上的）創傷

scare *v.* 恐嚇，受驚

scene *n.* 出事地點，（犯罪）現象；情景，實況

scene of a traffic accident 交通事故現場，交通事故發生地點

scene of crime 犯罪現場，作案現場

scene *n.* 一覽表，目錄；明細表；程序表，議事日程；附表（指附在法例和法律文件裡的表格，清單等）；（破產前向法院遞交的）資產負債表；（附在法例或法律文件裏的表格，清單等）附件；隨附案卷的「訴訟緣由」。

schedule *v.* 列表；列入計劃表（或程序表，時間表）；（美）安排，排定

scheme *n.* 計劃，方案；系統，體制；配合，組合；摘要，圖解；詭計，陰謀

schizopherenia *n.* 精神分裂症

school *n.* 學派；流派；理論；學院；書院；經院；（複）學術界

school of law 法學院

science *n.* 科學，學科；科學研究；自然科學；專門技術；技術，知識，學（問）

scienter *n.* 明知，知情；故意（指在若干民事或刑事訴訟中，原告必須證明被告的行為或罪行是出於故意，才能構成違法或犯

S

罪）；詐欺的故意

scientific *n.* 科學的，學術的；精通學理的；有系統的

scope *n.* 界限，範圍；視野；機會

scope of application 適用範圍

scope of law 法律界限；法域

score *n.* 刻痕；傷痕；帳目；（複）大量，許多；理由，根據

screen *v.* 篩，篩分；甄別，審查；包庇，掩護

screening *n.* 甄別，審查；調查

scrivener *n.* 代筆人；代書人；公證人

scrutinize *v.* 細看，細閱；仔細檢查

scrutiny *n.* 細閱；詳盡研究；監視；對票選的複查，調查投票（是否正當合法）

sea *n.* 海，海洋

seal *n.* 蓋印；印章；火漆；封條，封鉛；密封；保證

seal *v.* 蓋印；密封；確證，保證；批准

sealed *a.* 蓋印的；經蓋章批准或證實的；密封的

sealed contract 正式契約，有法律；有簽署（或蓋章）的契約

search *n.* 搜尋，搜查；探求；調查，研究；檢查

search and seizure 搜查與扣押

search warrant 搜查令（狀）；（住宅等的）搜查證

search without warrant 無證搜查

search *v.* 搜尋；搜查；探查；調查，研究

search a house 搜查住宅

seat *n.* 位置，所在地；席位；合法資格；住宅

seat of business 營業所

second dergee murder 二等謀殺罪（指無謀殺意，情節不及一等謀殺罪嚴重者，參見murder of the fist degree）

second-hand *a.* 用過的，舊的；經營舊貨的；中間的，媒介的，間接的；第二手的

second-hand evidence 第二手證據，博聞證據

second-hand witness （陳述聽來的事實的）間接證人

secondary *a.* 次要的；從屬的，附屬的非原始的，間接的

S

secrecy *n.* 秘密；秘密狀態；保密；保密習慣，保密能力；守秘密，不坦白

section *n.* （條文中的）條（指制定法中經常分章、條、款、段、項等的條）；地區，地段；切開；斷面

sector *n.* 扇形，扇形面

secular *a.* 現世的，世俗的，非宗教的

secure *v.* 使安全，保衛，掩護；保證；為（借款等）作保，向（債權人）提供保證

secure *a.* 安全的，有把握的；保險的

secured *a.* 有保證的，有擔保的；保險的，安全的

secured loan （有）擔保的貸款

security *n.* 安全，確實，穩固，安穩；保護，守護；保證；擔保；抵押；擔保品；抵押物；保證金；保人；（複）產權證明；有價證券；（複）證券，債券；治安保衛（措施）；（大寫）治安保衛當局

Securities and Exchange Commission 證券交易委員會

securities and exchange law 有價證券和交易所法

securitied issued 已發證券

Security Council of the United Nations 聯合國安全理事會

security forces 保安部隊

security market 證券市場

security of society 社會治安

security regulations 治安條例；保密條例

seek *v.* 尋找，搜索，搜查，追求；請求

segregation *n.* 分離，被隔離部分；種族隔距

seize *v.* 捉住；逮捕俘獲；占有，奪取；抓住（時機），掌握

seizure *n.* 依法占有；充分；沒收（物）；占領，奪取；捉住，捕獲

seizure of contraband 沒收違禁品

seizure of goods 沒收貨品

seizure of property 扣押財產

selection *n.* 選擇，挑選，選拔；挑選物

selective *a.* 選擇的，挑選的；有選擇性的，淘汰性的

self-defense *n.* 自衛，正當防衛

self-evident *a.* 不證自明，不言而喻的

self-executing *a.* 不需補充立法即可生效的

self-executing treaty （不需補充立法手續）即刻生效的條約

self-help 自助，自立

self-incrimination *n.* 自證其罪；自認犯罪；

自我牽連（於刑事案件）；自咎

sell *v.* 賣，銷售，總售，出賣；背叛，（俚）欺騙（常用被動態）

seller *n.* 出賣人，賣方，銷售者；出售物

semi-official *a.* 半官方的

senate *n.* （美、法等）參議院；上議院；立法機構；（古羅馬的）元老院；立法機構的全體成員；立法程序；大學評議會

senator *n.* 參議員，上議員

send *v.* 派遣；打發；呈遞；施與；賜給

senior *a.* 年長的；年紀較大的；已屬退休年齡的；（英）大學高年級的，中學最高年級的

S

senior officer 高級職員，高級軍官

senior partner 大股東，主要合夥人

sense *n.* 感官；感覺；辨別力；觀念，意識

sentence *n.* 宣判，科刑，刑罰；判決（專指刑事判決，教會案件亦同）

sentence *v.* 宣判，判決；科刑，定刑

separate *a.* 單獨的，個別的；分開的，分離的

separate account 專帳

separate entity 單獨實體，獨立單位

separation of powers 分權；權力的分立（如三權分立）

sequester *v.* 收押（債務人的地產等）；查封；沒收；把系爭物交第三人保管

serious *a.* 嚴重的，危急的；真誠的，徹底的，重要的

serious crime 嚴重罪行

serious offense 嚴重違法犯罪

serve *v.* 服務；服役；為……服務；為……效勞；送達（傳票等）；向……送交（令狀等）；可作……用（for, as）
serve a judgment 正式通知一項判決
serve a process on 對……發出傳票
serve a sentence 服徒刑
serve a subpoena on 將傳票送達
serve a writ on sb. 將令狀送達某人
service *n.* 服侍（指從前土地租借人對領主應盡的義務，僱員對僱主應盡的義務）；效勞；僱佣；公職；服務（業）；（傳票等的）送達；幫助；貢獻
service by publication 公示送達，公示催告
service contract 勞務契約
service of notice 送達通知書
service of order 送達命令
service of summons 送達傳票
service of the jurisdiction 管轄區外的送達
servitude *n.* 苦役，勞役；奴役，奴隸狀態；地役（權）；徒刑
session *n.* 開會，開庭；開會期，開庭期（指法官們受委任，開庭審判訴訟的日期）；治安推事定期會議；（複）英法官開庭（審理小案件等），法庭；一場（盤）交易
set *v.* 放，安置；簽（字）；蓋（章）；寫；記錄；定（日期，限度，價格等）；制定（規則等）；頒布；估計；評價；分配；提出；調整
set aside 撤銷，廢止；宣告無效，駁回；撇開；擱置；保留；忽視，不注意；拒絕
set forth 陳述，闡明；宣布；提出

set out 發表；宣布；打算，計畫；出發；解釋；描述

set up 設立，創立，建立；開始；提出，提議；供應；宣稱；假裝

set-off *n.* 抵銷，債務抵銷；相抵（指在反索償的訴訟裡，如被告有反索償時，可先承認原告索償，然後要求法庭把自己的反索償和原告的兩筆帳相抵，法院則要考慮情況一併審訊）

set-off a claim 抵銷債權

settle *v.* 指定（財產的處理，分配等）；授與；決定；解決；安排；定居；安置；調整；和解；了結；償付，清算，清理

S

settle a lawsuit 斷案；結案

settle claims 理賠

settle claims and debts 清理債權債務

settle out of court 在法庭外和解

settle the claim 解決爭端

settled *a.* 已結算的，已付清的；已解決的；一定的，固定的

settlement *n.* 解決，和解；決定，了結；（通過法律手續的財產授與；依法設定的財產；整理，安排；安置；定居；清理；清償，清算

settlement by amicable arrangement 以友好和解解決爭端

settlement of clain 理賠

sever *v.* 分割（產業）；區別；使分離；中斷，斷絕

sever diplomatic relation with 與……斷絕外交關係

severable contract(s) 可分的契約

several *a.* 數個的；個別的，各自的；專有的，獨占的；有連帶責任的

severally *ad.* 分別地，個別地，有連帶責任地

severally liable 分別的責任，單獨的責任

severance *n.* 割斷，分離（指兩人或兩人以上共同參與的訴訟案件逐一分開審理）；斷絕（關係）

severance of diplomatic relations between two countries 兩國間外交關係的中斷

severe *a.* 嚴厲的，苛刻的；嚴重的，酷烈的

severe penalty 嚴懲；嚴刑；重罰

sewage *n.* 污水，污物

sex *n.* 性，性別；性慾，性行為；性交

sham *n.* 假品，假物；騙子，假冒者

sham *a.* 假的；虛假的；仿製的，假裝的

shame *n.* 羞恥，羞辱；可恥之事，羞辱心

share *n.* 一份，份額；股份，股票，貢獻，參與

share 分享，分擔；分配，共有

sharp *a.* 線條分明的，明顯的；銳利的；機警的；精明的；狡猾的，不擇手段的

sheet *n.* 紙張，散頁；表格；被單；（美俚）罪犯檔案

shelter *v.* 掩護，庇護，保護；隱匿；供住宿

shelter *n.* 庇護，保護；庇護所；避難所；庇護物

shift *n.* 變更，移動；轉移；推托，欺騙；設法應付；手段，權宜之計；瞞騙，圖謀；工作班，轉班

shift *v.* 變更，移動，轉移；推托；欺騙；策

劃；圖謀

shift the burden of proof 逃避舉證責任，轉移舉證責任

shift the responsibility upon 把責任推卸給（別人），轉嫁責任

ship *n.* 船舶，船隻

shock *n.* 震動，地震；撞擊；休克，中風

shoot *v.* 發射，射出；拋出；欄杆，射擊，射中；拍攝；爆炸

shop *n.* 商店，店鋪；工廠，修理廠；職務；業務

shop-lifter *n.* 冒充顧客進商店行竊者

shoplifting *n.* 冒充顧客進入商店

shore *n.* 濱，岸；漲潮線與低潮線之間的地帶

short *a.* 短期的；短的；簡略的；賣空的，無存貨的；不足的，缺少的

shot *n.* 彈丸；砲彈；發射，射盤；一發；射手；炮手；試圖，試為；應付之款，賬；照相，攝影

show *v.* 顯示，表現；解釋，說明；告知；證明，表明；指示，引導

show *n.* 顯示；展覽；表示；跡象，痕跡，象徵；藉口

shuffle *n.* 支唔；弄亂；亂堆

shut *v.* 關閉；拒絕；排出

shyster *n.* 奸詐的律師；訟棍；不擇手段的人（尤指政客等）；奸詐的人

sibling *n.* （常用複）兄弟，姐妹；同胞（同父母或異父同母或異母同父的）兄弟姐妹

sickness *n.* 疾病

side 邊，側；河岸；集團，政黨，派系；方面，（當事人一方的）方；血統，家系，世系

side *a.* 側的，旁的；不重要的，枝節的

sight *n.* 視力，眼界；瞥見；情景；意見

sign *v.* 簽名，署名，簽字

signatory *n.* （協議，條約等的）簽署者；簽署國；簽署人

signatory *a.* 簽署的，簽約的

signature *n.* 簽名，簽署，署名

signed check 記名支票

significance *n.* 重要，重大；意義，意味

signinng *n.* 簽署，簽字

silence *n.* 緘默，靜默，無聲；無音信，無聯系

silent *a.* 沈默的；不作聲的；未說出的；未作記述的

similar *a.* 類似的，類似的

simiarity *n.* 類似，相似；（復）類似事例；類似物；相似點

simple *a.* 普通的，簡單的，簡易的，單純的，單一的，完全的

simple majority vote(s) 簡單多數票

simulate *v.* 假裝的，偽裝的，冒充；模仿，模擬

simulation *n.* （通謀）虛偽表示；模擬，假裝

simultaneous *a.* 同時發生的，同時的

sin *n.* 罪，罪行；犯罪，犯法；不該做的事

sine 無

sine causa 無原因的

sine qua non 絕對必需（的條件或資格），必要條件；不可缺，必要者

single *a.* 單一的，單獨的；個別的；獨身的，未婚的

singular *a.* 單一的，獨個的，奇特的

sink *v.* 沉沒；墜落；降低（名準、地位等）；償還（債務）；隱匿（證據等）；掩飾；忽視；把……放在一邊；棄置不用

sit *v.* 位於；就座；使就座；開展；開會；占議席，當代表；出席

site *n.* 地點，場所，工地；位置；遺址

situated *a.* 坐落……的，位於……的，處於某種境地的

S

situation *n.* 形勢，政局；位置，地位；處境，境遇

skilled *a.* 有經驗的；有訓練的；熟練的；有技術的

skilled (unskilled) labour (worker) 熟練（不熟練）工人

skilled worker 技術工人

skin *n.* 皮，皮膚；（美俚）騙子

skip *v.* 跳過，略過；悄悄離開（某地）；匆匆離開；漏過，遺漏

sky *n.* 天，天空；（複）氣候，天氣

slander *n.* 誹謗，言詞誹謗，誹謗罪；中傷；謾罵行為；造謠

slander and libel 口頭書面的誹謗罪

slang *n.* 俗話；（盜賊等的）行道話；隱語；（俚語）欺騙，詐取

slaughter *n.* 屠殺，殺戮；屠宰

slave 奴隸；苦役

slay *v.* 砍死，斬死，殺死；殺害；克服；壓倒

slide *v.* 滑動；潛行，溜走，溜進；使滑動

slip *v.* 失足，滑倒；滑脫，溜走；失誤，犯錯誤；無意中說出，脫口而出

slippery *a.* 狡猾的；不可靠的；不安定的；不穩定的；含糊其詞的，難以解釋的

small *a.* 小的，小型的；鎖細的，微不足道的

small claims 小權利請求索賠

smooth *v.* 使光滑，使弄平；消除；掩飾

smuggle *v.* 偷運；私運；走私

sober *a.* 未喝醉的；清醒的；嚴肅莊重的；審慎的；有節制的；冷靜的；有理智的；合理的

social *a.* 社會的，有關社會的；社會性的，社交的

social insurance 社會保險

social justice 社會主義

social norm 社會規範

social science 社會科學

social security 社會保障

social welfare 社會福利；社會福利救濟

socialist *a.* 社會主義的

society *n.* 社會，團體；社團；會，社；交際界，社交界

sociology *n.* 社會學

soldier *n.* 戰士，士兵，軍人

sole *a.* （常指女子）獨身的，未婚的；單獨的，唯一的；專用的

solication *n.* 誘人犯罪，教唆（罪）；（妓

女）拉客；懇求，請求

solicitor *n.* （英）（初級）律師（指為當事人所聘請的一般辯護律師，承辦案件起訴和辯護等事務性工作，地位低於有資格出席高等法院法庭辯護的barrister），訴狀律師；（美）法務官（指在政府部門或一城市中負責法律事務的官員）

solid *a.* 穩固的；有根據的，可靠的，確實的；資金雄厚的

solidarity *n.* 團結（一致）；共同責任

solitary *a.* 獨居的，無伴的；單獨的，唯一的

solution *n.* 解決，了結；解答，解釋；償付；溶液

solve *v.* 解釋，解決；付給，償付

solve a case 破案

solvency *n.* 有清償能力，償付能力，支付能力，溶解能力

solvent (solvency) *a.* 有償債力的；有溶解力的

son *n.* 兒子，女婿，養子；（複）後裔，子孫

sophisticated *a.* 尖端的，高級的；非常有經驗的；老練的

sound *a.* 有效的；健康的；合理的，正確的；明智的，穩妥的

source *n.* 來源，淵源，出處，根源

source of finance 經濟來源

source of income 收入來源

source(s) of law 法律淵源，法（的淵）源

sovereign *n.* 君主，國王，統治者；獨立

國；主權；金磅（英國的金幣）

sovereign *a.* 擁有最高權力的；主權的；君主的；獨立的

sovereign immunities （國家）主權豁免（權）；政府豁免權，政府機關豁免權

sovereign immunity 主權豁免

sovereign state 主權國

sovereignty *n.* 主權，主權國家，統治權；君權；獨立國

space *n.* 空間；（常指空氣空間以外的）外層空間，太空，星際空間；時間，一段時間；間隔，距離

space law 空間法（亦稱外層空間法，太空法，星際空間法）

speak *v.* 說話；表示意思；請求，要求；代表；表明

speaker *n.* 發言人，演講者；主席，議長（指英國下議院議長或美國眾議院議長）；擴音機，揚聲器

special *a.* 特別的，特殊的；專門的，專用的；臨時的，特設的

special damage 專項損失（指原告需在訴狀中逐條說明如醫藥費、工資損失等，並加以說明，否則得不到賠償，如交通事故、公傷、口頭誹謗等所受的損失均屬此類損失）

special damages 特別損失賠償（指被害人所受金錢上的損害的賠償）

specialization *n.* 專門化，專業化；局限化

specialized *a.* 專門的，特別的

specie *n.* 錢幣，硬幣

specific *a.* 特有的，特定的；具體的，明確

的

specific goods 特定貨物；特種貨物

specific intent 特定故意

specific performance （衡平法院強迫一個違反契約者的）特定履行令或強制履行令

specific performance of contract 強制照約履行

speculate *v.* 投機，搞投機買賣；推測

speculation *n.* 投機買賣，投機交易，投機事業

speculaive *a.* 投機的，投機的，投機交易的

speculator *n.* 投機者，投機商

speed *n.* 速度，快速

S

speed limit 速度級限，受限制的最高速度

speedy *a.* 快的，迅速的，敏捷的

speedy trial （美）快速審理（權）（根據第二次修訂的憲法被告具有被保證迅速審理的權利）

spending *n.* 經費，開銷，消費

spirit *n.* 精神，真意，要旨；（複）酒，酒精

spirit of law 法的精神，法律真意，法意

spiritual *a.* 精神的；神的；宗教的；崇高的

spite 惡意，怨恨

spite 輕蔑；惡意對待，刁難；敵意，仇視

split *n.* （英）告密；告密者；便衣督察；分裂，分離，分攤；派別，派系

split *v.* 分離，破裂；斷絕關係；均分，分股，分割；告密

split-up *n.* （股本的）分散轉移；（母公司向子公司）轉移全部股本；（美俚）吵架；離婚

sponser 發起者，倡辦者；資助者；使證人，負責人；教父；教母

spot *n.* （交易所）現貨；當場交貨價；認出（犯人）；污點，瑕疵；（美俚）小面額鈔票；（美俚）（常在數詞後構成複合詞，指）短期徒刑如a one-spot一年徒刑）

spot *v.* 玷污，……弄髒，變污，記認（慣犯，嫌疑犯）

spouse allowance 配偶津貼

spy *v.* 暗中監視，偵察

squeeze *v.* 榨取，壓榨；勒索；逼迫

stability *n.* 穩定（性），穩固；永恆，耐久性

staff *n.* 全體人員，職員，參謀

staff members 職工，工作人員

stage *n.* 時期；階段；舞台

stage of trial 審訊階段

stake *n.* 大型柱；炮烙刑；賭金，賭注；（複）獎品，獎金

stakeholder *n.* 賭款保存人；保存保證金的人（指保存簽訂契約購買物業的保證金的人，但不是賣者的代理人）

stamp *n.* 印花；郵票；標記；圖章

stand *n.* （美）法院的證人席；（蘇格蘭）（衣服等的）一套；（英）（一個士兵的）全套武裝

stand *v.* 站，立；位於；停住不動；堅持，主張，站穩立場；維持原狀，繼續有效；（英）做候選人，參加競選，忍受，接受

stand by 旁觀；遵守；保持；準備行動

stand for 代替，代表；擁護；贊成；為……

候選人；容忍，允許

standard *n.* 標準，準則；本位，官定本位；模範，範本；（複）道德（倫理，習慣等的）標準

standard contract provisions 標準契約條款

standard of care 注意的標準

standard of proof 提供證據的準則

standing *n.* 持續；地位，身分，名望

standing *a.* 已為法律（或習慣）所確定的；固定的，經常的；常備的；常務的，常設的

standstill *n.* 停止，停頓；停滯不前

stare decisis 服從前例（原則），遵照先例（指法院對某一類事實確定一項原則，在以後的案件中可適用於同樣一類的事實）；根據判例

starvation *n.* 餓死，飢餓

state *n.* 規定（日期，價格）；狀態，狀況，情形；國家，政府，領土；（美國等）州；身分，地位，威嚴；（大寫）（美國）國務院

state court system （美）州法院體制

state of emergency 緊急狀態

state of origin 產地國

state of registry 登記國

State Supreme Court （美）州最高法院

state *v.* 陳述，說明；闡明，聲明；規定（日期、價格等）

state the facts of a case 闡明案情真相

stated *a.* 規定的，固定的；定期的；被宣稱的

stated capital 設定資本

stated value 設定價值

statehood *n.* 國家地位；（美國等）州的地位

stateless *a.* 無國籍的；無國家主權的

statement *n.* 陳述，聲明；聲明書；（法庭的）供述；（商業上的）計算書，報告書，報表

statement of fact 事實陳述

statement of law 法律（上的）陳述，法律（上的）申明

statement of profit and loss 損益計算書

station *n.* 車站，所，局；崗位，位置；地位，身分

statistice *n.* 統計學；統計表；統計數字

status *n.* 地位，身分；狀況，情形；法律地位

status quo 現狀

statute *n.* 法令，法規，成文法，制法的；章程，條例；規程

Statute of Frauds （英）（1677年頒布的）《禁止詐欺法》，防止欺詐法規

statute of limitations 時效；訴訟時效；法規；追訴權時效法

statutory *a.* 法令的，法規的；法律的；法定的，依照法令的；合乎法令的；依法應懲處的

staturoty age 適齡，法定年齡

stay *n.* 停留；阻止；延緩；延期；執行；中止訴訟程序；妨礙，抑制；耐久力，持久力

stay (of) proceedings 停止進行訴訟（程序）

stay *v.* 停留，停止；逗留，耽擱；阻止，制

止；抑制；延緩，延期

steal *v.* 偷，竊取；潛行

step *n.* 腳步；步調；腳印，足跡；步驟，手段，措施

step *v.* 步行，跨入；踏遍；介入

stipulate *v.* （法規、條約或合同）規定；約定；訂定；保證；堅持以……作為協議的條件（for）

stipulated *a.* 契約規定的，約定的

stipulated damages (=liqudated damages) 了結的損害賠償（金）；清償了的損害賠償（金）

S

stock *n.* 證券，股本，股票（股份）總額；庫存品，存貨，貯存，儲蓄，積蓄；先祖，始祖，家系，血統

stock certificate 股票

stock company 股份公司

stock dividend 股票的股息

stock exchange 證券交易所

stock market 股票市場，證券市場，證券交易所，證券行情；證券交易

stock option 股票特權（指發行公司給本公司職工優先購買其股票的特權）

stock register 股票登記冊

stockholder *n.* 股東，股票持有者，股票所有人

stolen *a.* 被盜的，失盜的；竊取的

stolen goods 贓物

stop *v.* 阻塞，塞住；中止，停止，停下

stop *n.* 中止，停止；阻塞，障礙

“stop and frist law” 「不准動並接受搜身

檢查」規則（指對懷疑有犯罪意圖似乎帶有武器的人，警察有權實施臨時搜身檢查的規則）

storage *n.* 保管；倉儲；棧租；存倉費

sotre 商店，倉庫；貯藏，（複）貯存品；備用場，必需品

straight *a.* 直的，直線的

stranger *n.* 局外人；非當事人；第三者；外國人；陌生人；門外漢

strategic (或strategical) *a.* 戰略的

street *n.* 街道；馬路

stretch *v.* 伸展，展開；誇張；濫用；曲解；（俚）絞死，吊死；被絞死

strict *a.* 嚴格的；精確的；絕對的；完全的

strict liability 後果責任（指製造特別是銷售有缺陷的危險品使消費者人身安全受到侵害時應負的責任）；嚴格賠償責任；嚴格責任（制）

strike *n.* 打擊，攻擊；罷工，罷市，罷課；意外成功

strike *v.* 罷工；打擊；毆打；締結；成交；清算，結算；結束；選擇（陪審員）；勾銷，取銷

strike down 擊倒，殺死

strike off 勾銷，取消，抹去；斬下（人頭）；輕易地做或生產；（拍賣時）賣（給出價最高者）；（法院因無權審理，指示將某一個案件從備審案件目錄表中）取消（或勾銷）

strike out 打擊；搞出，設計出；勾銷，劃掉

strip *v.* 剝去；剝奪；奪去，掠奪；拆卸，拆去；搶劫

strong *a.* 牢固的，堅決的；強烈的；強大的
structure *n.* 體制；結構；建築；建築物
struggle *v.* 鬥爭，奮鬥，努力
study *n.* 學習，研究；研究的項目，研究的對象；學科，論文
sub-clause 副條款
sub-heading （報紙、文章上的）副標題
sub-lease *v.* 轉租，分租（土地或房屋）
sub-lessee *n.* 轉租租戶，承受轉租者
sub-lessor *n.* 轉租人，分租人
sub-let *v.* 轉租，分租；轉包，分包（工程、任務等）
sub-paragraph （法律條文等分）項，款，目
sub-section *n.* 款，項
subject *n.* 國民，（君主國）臣民；主體；題目，主題，問題；學科，科目；理由，原由，原因
subject and object 主體與客體
subject matter 標的物；主題；主旨
subject matter of contract 契約標的物
subject *a.* 受制於……的，服從的，從屬的，易受的；依照……的，聽候……的（多與to連用）
subject to contract 已簽訂契約為條件
subject (與to連用) *v.* 依照，使從屬；使服從；使受到，使遭遇
subject to the law 依照法律，受法律管轄，服從法律
subjective *a.* 主觀的
subjective fact 主觀上的事實
subjective factor 主觀因素

S

submission *n.* 遞呈，提交，提出；提交公斷；提交仲裁；建議，看法，意見；向法官及陪審員提出的意見；屈從，降服，服從；辯護詞，論點

submit *v.* 使服從使受到（to）；呈交，提交；提出；讓為，主張，建議；服從，屈從，順從，忍受（to）

submit for approval 呈核；呈請批准

subordinate 呈核；呈請批准

subordinate *n.* 部署；部下；下級，服從者

subordinate *a.* 從屬的，下級的；次要的

subordinated debts 附屬債務

subordination *n.* 放在次級，使從屬；次級，次等；務從，附屬；附屬關係

subpoena *n.* 傳票

subpoena *v.* 傳審，以傳票傳喚

subpoena a witness （用傳票）傳喚證人；傳喚證人出庭

subscribe *v.* 簽署（文件）；簽名；捐助，捐款；訂購（閱），認購；同意，贊成

subscribed capital 已認股本

subscriber *n.* 認股人，（公司債）應募人，捐助人；簽名者；訂戶

subscriber of shares 認股人

subscription *n.* 簽署，同意，贊助；親筆簽名；預訂，預訂費；認購；預約金；捐助（金），會費，捐募

subscription of shares 認購股份

subsequent *a.* 後起的，後續的，後來的

subsequent act 後來發生的行為，後續行為

subsequent ratification 事後追認

subsidiary *n.* 附屬的；補充條款，附則；附屬公司，子公司

subsidiary *a.* 補足的，輔助的；附屬的

subsidiary company 從屬公司，子公司

subsidy *n.* 補助金，津貼；獎金，援助

substance *n.* 實質，實體；物（質），本體；主旨，要義；資產，財產，資金，財物；內容

substantial *a.* 真實的，實際的，實體的，物質的；有重大價值的，內容充實的

substantial law 實體法，本體法，主法

substantial performance 實質給付（指可以滿足債權人的願望所為的一種給付），實際履行

S

substantiate *v.* 證實，證明（控訴，陳述，主張等）有根據；使具體化，使實體化

substantiate a charge 提供指控事實

substantiate a claim 確立一項請求的依據

substantive *a.* 獨立存在的；真實的；實際的；實質的，本質的；規定權利與義務的；大量的，巨額的

substantive issue 實質性問題

substantive law 實體法（又稱主法，主體法系，程序法的對稱，指規定主體間或人們在政治、經濟、文化和家庭婚姻等等事實關係的權利、義務和責任的法律）

substantive matter 實質問題

substantive provision(s) 實質性規定

substitute *n.* 代理人，代替人；代替物，代用物

substitute *v.* 代理（某人），代替（某人或

某物）

substituted *a.* 代替的，代理的

subtract *v.* 減少，扣除，缺少

succeed *v.* 繼……後，接替，繼承；繼續，繼任；成功

successful *a.* 成功的；結果良好的，有成就的

successful bidder 得標的投標人

succession *n.* 繼承；繼承權；繼位；繼位權；連續；一系列繼承人；繼承順序

successive *a.* 繼續的，連續的

successive action 連續訴訟

successive injury 連續傷害

successor *n.* 繼承人；繼任者；後繼者；接班人

sudden *a.* 突然的，忽然的

sue *v.* 起訴，控告；提起訴訟；提出請求；上訴

sue for damages 起訴要求賠償損失

suffer *v.* 蒙受；遭受；忍受；受苦；懲罰；被處死刑；受損失，受損害（from）；患病

suffer a loss 遭受損失

suffer from 患……病；苦於；因……損害；因……受困擾

sufficient *a.* 充份的，足夠的

suggest *v.* 建議，提出，提議；暗示，間接表明

suggestion *n.* 建議，意見

sui generis 特殊的，獨特的，自成一類的

suicide 自殺，自殺罪（從前在英國，規定自殺為犯罪，1961年自殺法例施行後，廢止自

殺罪，但有共謀「自殺」罪名，如幫助教唆誘導他人自殺，都是有罪的）；自殺事件，自殺者

suit *n.* 訴訟；起訴；控告；訟案；請求；懇請；求婚

suit at law 訴訟；訴訟案件；民事案件

suit for damage 損害賠償之訴

suitable *a.* 合適的，適宜的，適當的，相對的（to，for）

suitor *n.* 起訴人，原告；求婚者，請求人

sum *n.* 金額，款項；總數，全部

sum *v.* 總結，概括

sum up 總結，概述

summary *n.* 摘要，概要，概略，一覽

summary *a.* 概括的，扼要的，簡易的；即時的，速決的，即決的

summary judg(e)ment 即決審判（指未經陪審團聽審而作的判決，如債權人提出足夠證據即可據此判決）

summit *a.* 政府首腦的，最高級的

summon *v.* 召喚，傳喚，傳訊，傳證人（出庭）作證

Sunday closing laws （亦稱blue laws，指在若干管轄範圍內）禁止星期天營業的法規

superficial *a.* 表面的，表面性的；膚淺的，淺薄的；平方的

superficies 表面，外觀，外貌；地上權，地上建築物

superior *n.* 長者，上級，長官；優越者

superior *a.* 超越的，優質的；較高的；上司的，上級的，長官的

supernational law　超國家的法律
supernational corporation　超國家的公司
supersede　*v.*　替代，替換；充任，接替，取而代之；優先次序於……，比……優先
supervene　*v.*　附帶發生，開發附加；起於……之後；讀……之後
supervise　*v.*　監督，管理，指導
superviser (=supervisor)　監督者；管理人；監察人
supervision　*n.*　監督，監察；管理
supervisory　*a.*　監督的，管理的
supervisory authority　監督權，監察權；監督當局，監察當局
supplement　*n.*　增補物，補遺；補編；附件
supplemental (=supplementary)　*a.*　補充的，增補的，追加的
supplementary　*n.*　附則；補充物
supplementary　*a.*　補充的；附屬的；追加的
supplier　*n.*　供應方，供應者，補充者
supply and demand　供和需，供需
support　*v.*　供養，撫養，扶養，贍養，贍（扶）養費；支持；援助；扶助，資助；為……提供證據，證實；經受，忍受
supporter　*n.*　支持者；資助者；贍養者，撫養者
supposed　*a.*　推測的，想像的，被信以為真的
suppress　*v.*　鎮壓，平定；禁止出版，扣留；隱瞞，隱匿；禁止，以命令廢止
suppression　*n.*　隱瞞，隱匿；鎮壓，壓制；禁止，制止

suppression of document 毀改文件（指一種詐欺 deception 罪行，包括將有價值的文件和契約、遺囑等進行銷毀，塗改，隱匿等）

supremacy *n.* 至高權力；無上權利；霸權；至高；無上

supreme *a.* 最高的，最重要的

Supreme Constitutional Court 最高憲法法院

supreme court （美國聯邦）最高法院，（州）最高法院

Supreme Court of the United States 美國最高法院

supreme law 最高法律

S

surcharge *n.* 超載；附加費；附加稅；索高價；附加罰款；附加責任（指核算師對於政府官員動用公款用於非法定用途時，有權要求動用款項的官員，由個人承擔歸還用於非法定用途的款項的責任）

surety *n.* 保證人；擔保人；保證；擔保；可靠性，確實性

suretyship *n.* 保證，擔保契約；保證人的地位或責任

surname *n.* 姓，別名，別號

surplus *n.* 盈餘，過剩；盈餘額

surprise *v.* 使驚愕，使感到意外，突然襲擊，突然攻佔；出其不意地使某人做某事

surrender *n.* 交出，放棄；投降；讓與；逃犯的引渡；（保釋人）將罪犯交回（司法機關）的行動

surrender *v.* 投降；自首；交出；放棄；讓與

surrogate *n.* 代理者（尤指主教的代理者）；

（美國某些州的認證遺囑及管理遺產等事的）地方法官（或司法官員）

surveillance *n.* 監視，看守；監督，管理

survey *n.* 考察；視察；調查；通盤考慮；逐點說明；調查報告；測量

survey *v.* 考察，視察，調查；測量

survival *n.* 倖存，殘存，遺留；生存；倖存者；殘留物；遺留物

surviving *a.* 繼續存在的，未死的；依然健在的

survivor *n.* 生還者，生存者，幸存者；殘存物

susceptible *a.* 易感的，易受影響的；容許，可得（of）

suspect *n.* 嫌疑，懷疑，猜疑；（泛指和某些罪行有關的）嫌疑犯；被懷疑的人

suspect *v.* 嫌疑，懷疑，猜疑

suspect *a.* 令人懷疑的，不可信的

suspected *a.* 嫌疑的，涉嫌的

suspend *v.* 中止；懸而不決；暫時停辦；無力支付，宣布破產

suspension *n.* 中止宣判，中止處刑；無力償債；停止支付

suspicion *n.* 懷疑；疑心；嫌疑

suspicious *a.* 懷疑的，令人懷疑的；可疑的

sustain *v.* 支撐，承受住；供養，贍養；維持，繼續；證明，證實；認可，確認，准許，支持；蒙受，遭受

sustain a family 扶養家屬

sustain an injury 遭受傷害，負傷

swap *v.* 交換

swear *v.* 宣誓，立誓，發誓

swear an oath 立誓，宣誓

swear in 使宣誓就職

switch *v.* 鞭打；轉變；轉換

syllabus *n.* 摘要，提綱；（判決書的）判決理由概要

symbolic *a.* 用作象徵的，用作符號的；象徵的

symbolic delivery 象徵的交付（指移交小的東西來象徵移交讓與物的儀式）

syndicate *n.* 辛迪克聯合企業，企業組合；銀行團；理事會，董事會；（美俚）罪魁集團

system *n.* 制度；體系，體制；系統；方式；方法；人格；社會結構；按規律結合為一體

systematic *a.* 系統的，有系統的；分類的；有規則的，成體系的；有計畫的；故意的

systematic interpretation 系統解釋

Tt

table *n.* 表，一覽表；會議；同席人員；（複）刻於石上的法律條文（與the運用），（大寫，加the）十二銅表法（=the Twelve Table）

table of precedence 品味次序表（指英國的王公貴族的地位高低的順序）

table a motion （美）擱置動議；（英）提出動議，將動議列入議程

tacit *a.* 緘默的，默想的；「默示」的（指法律認可的一種表示方式）；心照不宣的，不言而喻的；由於法律的執行而產生的

tacit acceptance 默示的承諾

tacit admission 默認，默讓

tacit agreement 默契，默示協議

tacit approval 默認，默准

tacit consent 默許

tacit declaration 默示宣告

tacit recognition 默認

tacit understanding 默契

tackle *n.* 用具，裝備；卸貨索具，吊勾

tail *n.* 財產繼承的限制；限定繼承權；限定所有權；限定繼承的產業；侍從人員；末尾，後部

taint *n.* 污點，腐敗；病毒；犯重罪；重罪犯人

taint *v.* 使感染；使腐敗；污染

tainted *a.* 有污點的，污染的

take *v.* 拿，取；享有，享受；攻取，占領；占用；偷取；接受；採取，採納；獲得；奏效，有效；記錄；履行

take back 撤消，撤回；重新獲得，取回；退

T

回調換；准許回來；接受

take care of 撫養，贍養，扶養，照料；處裡；應付

take charge of... 負起管理之責；失去控制

take effect 生效

take for 當作，誤認為

take for granted 認為當然

take legal action 起訴

take legal proceedings against sd. 對某人起訴

take over 接管，接收，讓受

take part in 參加

take possession 取得所有權；住進

take the place of 代替

talk *n.* （常用複）談話；會談，會議；講話，演講，報告；空談，謠言，小道消息；話題

talk *v.* 談話；討論；表示；勸使

tamper *v.* 影響，干涉，干預；偽造；篡改；削弱；損害；賄賂

tangible *a.* 有形的，實體的，實質的；確實的，真實的，實在的

tangible assets (或property) 有形資產，有形財產

tangible goods 有形貨物

tangible personal property 有形動產，實體動產；有形個人財產（除動產外可包括住房等一些不動產）

tantamount *a.* 相等（於……）的，相當（於……）的，相等的，同等的

tantamount to a refusal 相當於拒絕

tap *v.* （在電話線上搭線）竊聽；任命，指

定；輕敲，輕扣

tap phones 竊聽電話

tape *n.* 線帶，狹帶；卷尺；磁帶，錄音帶；紙帶，膠帶

target *n.* 目標，目的；標的

tariff *n.* 稅，關稅；稅則，關稅率；關稅表；價目表；運費表；價格

task *n.* 任務，職務，工作

tax *n.* 稅，租稅；稅收，稅款

tax ad valorem 從價稅，按值徵稅

tax exemption 免稅，（一部或全部）繳稅義務的免除

tax law 稅法

tax *v.* 評定（訴訟費等）；徵稅；斥責；（俗）指控

tax-deductible *a.* 在計算所得稅時可面以扣減的

tax-free *a.* 免稅的，以付稅的

taxable *a.* 應徵稅的，有稅的；當然可要求的

taxable income 可徵稅收入，應納稅所得額

taxation *n.* 稅，徵稅，納稅，課稅；租稅；估價徵稅，稅制；清算訴訟費用

taxpayer *n.* 納稅人，納稅義務人（在美國常作為「公民」的同意詞）

teamwork *n.* 聯合工作；聯合行動；協調工作；團隊精神

technical *a.* 專門性的，技術的

telephone *n.* 電話，電話機

tell *v.* 講述，告訴；吩咐，命令；分辯，辯別；洩露（機密），吐露；告發（on）；產

T

生效果，發生影響；作證，表明，說明

temper *n.* 氣質，性情，心情；特徵；趨向，傾向，趨勢

temper *v.* 調劑，緩和，調和

temporal *a.* 暫時的；時間的；世俗的，現世的，世間事物的

temporary *a.* 臨時的，暫時的

tenancy *n.* 租用，租賃，租借；租賃期限；占有；任職，任職期間

tenant *n.* 承租人；客房；佃戶，租戶

tender *n.* 提供，提出，提供物；投標；招標；償還，償付債務的手段；貨幣

tender offer 招標，提出要約

tender *v.* 提供；提出；償還；投標

tenor *n.* 要旨，大意；一般趨勢；抄本，謄本；（支票的）期限

tense *a.* 緊張的

tension in foreign relations 外交上的緊張狀態

tentative *a.* 假定的，推測的，試驗的

tenure *n.* 任期；保有期間；保有地，租借地；保有權；保有的條件；永久保有

terms (condition) of sale 買賣條件

terms and condition 限制性規定

terms of contract 契約條款

terms of shipment 裝運條件

terms of trade 貿易條件（及交換比價）；進出口交換比率

terminal *a.* 終止的，最末的；按期的，定期的；致命的，致死的

terminate *v.* 限定；終止；完成；滿期；結束，了結

terminate a contract 終止契約

termination *n.* 終止，終點，結束；結局，終局；末端

territorial *a.* 土地的，領土的；區域性的，地方性的；（大寫）美國領土的；（英）保衛本土的，為本土防衛而組織的

territory *n.* 領土；領域；地方；區域

terror *n.* 恐怖，令人恐怖的人或事物；恐怖份子集團或其政策；（大寫）恐怖時代

terrorism *n.* 脅迫；暴政，恐怖政治；恐怖主義

terrorist *n.* 恐怖份子，恐怖主義者

terroristic *a.* 恐怖行為的；恐怖主義的

test *n.* 試驗，考驗，測驗；化驗，化驗劑；試驗石

testament *n.* 遺言，遺囑；確實的證明；實證

testate *n.* 留有遺囑而死者，遺囑人

testator *n.* 遺囑人，留有遺囑者

testify *v.* 證明，表明；作證，證實；提供證據；確言，宣稱

testimonial *a.* 證明的，推荐的，鑑定書的；表揚的；紀念的

testimonial evidence 證據

testimony *n.* 證據；口供；證明；證言；（基督教的刻在兩塊石碑上的）摩西十戒

text *n.* 主文，正文，本文；原文；題目；主題

textual *a.* 原文的，本文的，文字上的

theory *n.* 理論，學說；原理；意見；推測

thereof *adv.* 由是；由此；屬於它的，關於它

的

thereupon *adv.* 于是，因此；隨即，立刻；在其上

thief *n.* 竊賊；小偷

thing *n.* 物；事物；東西；事，行為；（複）所有物，衣服；用品；情況，事情；工作；目標，目的；細節

things *n.* （英美法上的）物（指可以保存的東西或貨物，通常分為不動產或不能移動的物件如屋、地產等；動產或可移動的物件，如貨物；混合物件如契據，若干年的租賃權等）

things immovable 不動產

things movable 動產

third party 第三人，第三當事人（指訴訟雙方以外的人，經過被告請求得到法官或法院的准許將第三者拉進訴訟中來，向他索取賠償或補償）；（英美）第三黨

third party beneficiary 受益第三人

threat *n.* 脅迫，恐嚇；威嚇；凶兆

threat of force 武力威脅，以武力相威脅

threaten *v.* 威脅，恐嚇；預示……的惡兆，使有受……之虞

through *a.* 直達的，過境的；可通行的，對穿的

throw *v.* 投擲；推倒；顛覆，使陷入

ticket *n.* 票，車票；（美）政黨候選人名單；（俗）（因違反交通規則而收到的）罰單；級船員和飛機駕駛人員執照；（銀行的）臨時登記帳

tie *v.* 結，捆，綁；約束，限制；（俗）結

婚；連結；凍結（遺產，資本）

tight *a.* 緊的，緊密的；緊張的；困難的；處於困境的

time *n.* 時間，時期，時刻，時代；時機；次數

time limit expires 滿期，到期

time of delivery 交貨期，交付期限

time of payment 付款期

time of performance 履行期限

tip *n.* 小費；賞錢；（關於賽馬，證券交易的）秘密消息；暗示；勸告；尖端

title *n.* 權利，資格，權利的根據；稱號；頭銜（官銜，學銜）；題目，書名，篇；契據；產權書；房地契；所有權

to aid and abet 教唆

to bearer 付票人

to let 招租

to remind 請（屆時參加）勿忘（用於國際禮儀中請帖上）

to the best of my knowledge 據我所知

to the detriment of... 有損於……；對……不利

to the same effect 相同意義

tolerance *n.* 寬容；容忍的精神；（貨幣重量和機械上允許的）公差；合理的偏差額

toll *n.* 通過稅，通行稅（指通過公路、橋樑，渡船等等應繳納的稅），過境稅；通行費；代價，損失

torment *n.* 折磨；曲解，歪曲；痛苦，煩惱；（古）刑具，拷打

tort *n.* 侵權行為（指不法侵害他人的人身或財產權利而負擔民事賠償責任的行為）；輕

罪；過失罪；違法行為

Tort(s) Claims Act 侵權求償法

tort-feasor *n.* 侵權行為人

tortious *a.* 不法佔有的；民事上，侵害的；侵犯行為的

tortious act 侵權行為，不法行為

torture *n.* 拷問，拷打；刑訊；（複）（身體上或精神上的）痛苦或苦惱；歪曲

total *a.* 完全的；全部的；總的

total loss 全損，完全損失（指被保險的船舶或貨物全部受到損失，承保人對物主應付全責）

total sum 總額

totalitarian state 極權主義國家

town *n.* 城鎮，城市，鬧市；鎮，市民

toxic *a.* 有毒的，毒的，中毒的

toxic substance 有毒物

toxicant *n.* 毒藥，有毒物；痲醉劑，酒

trace *n.* 痕跡，足跡；遺跡

trace *v.* 追蹤；跟蹤，追溯，探索

track *n.* 足跡，痕跡；行為的方式；路；途徑，軌道，線路；進程；一連串的事或觀念；形成痕跡的事物（如車輪等）

track *v.* 追蹤；曳（船）；循足跡而行

trade *n.* 職業，手藝；行業；貿易，商業，交易，買賣；市場；同業者；（俗）顧客

trade agreement （國際）貿易協定，勞資雙方（有關工資、工作時間等）的協定

trade custom 貿易慣例；商業慣例

trade deficit 貿易逆差

trade dispute 勞資糾紛；商業爭執

trade embargo 貿易禁運

trade law 貿易法

trade mark 商標

trade name 商店，商業或商品的名稱，商號

trade usage 貿易慣例

trade *v.* 貿易，交易；經商；交換，對換

trademark *n.* 商標

trading *n.* 貿易，交易

tradition *n.* 傳統，慣例；移交；交付；引渡；口傳，傳說

traditional *a.* 傳統的

traffic *n.* 交通，運輸；運輸量；港口吞吐量；貿易，商業；買賣，交易；某一商品（尤指不合法的）交易

traffic light 交通指揮燈（即紅綠燈）

tragedy *n.* 慘事，災難，不幸；悲劇，悲慘的事

trail *n.* 蹤跡；嗅跡；途徑；跟蹤，尾隨；小徑，小道

train *n.* 火車，列車；連串，連續；隨從人員

training *n.* 訓練，教育，培養

traitor *n.* 叛徒，叛逆；背信者；賣國賊

transact *v.* 辦理，處理，執行；辦事，處理事務

transaction *n.* 處理，辦理，執行；（複）學報，會刊，議事錄；和解；交易；事務，事項

transcript *n.* 法院文本；（訴訟中審理或聽審的）官方紀錄；紀錄的副本，抄本，謄本；整理的紀錄（指將速記下來的筆記經過整理紀錄）

T

transfer *n.* 轉移，傳遞，遷移；讓與，轉讓（指把一個人的權利轉讓給另一個人）調職；讓渡證書；摹寫；轉印；匯兌；轉帳（股票等的）過戶，過戶憑單；換乘；換車票，換車、船等的地點

transfer *v.* 轉移；讓渡；交付；換車，換船；轉寫；過戶；調職

transferable *a.* （亦作transferable）可轉讓的；可轉移的；可轉印的

transferee *n.* （財產等的）受讓人，承賣人；被調職者

transferor *n.* 讓與人，讓股人，出讓人，轉讓人；讓渡人

transformation *n.* 變形；變性，變質；（婦人的）假髮

transgression *n.* 侵越；違反；犯法，犯規，犯罪

transit *n.* 通過，通行；過境；搬運，運送；改變；運輸路線

translation *n.* 轉移；調任；翻譯，譯本，譯文

transmission *n.* （=transmittal）傳遞，傳達，傳送；遺傳，傳染；（國際私法中的）轉致（法語又叫renvoi au second degr 二級反致）

transnational *a.* 超越國界的；超國家的；跨國的

transnational company (或corporation) 跨國公司

transport *n.* 運輸，運送；輸送；流放犯；交通系統；運輸船，運輸艦；運輸機

transport *v.* 運輸，運送，流放，放逐，處以流刑

transportation *n.* 運輸，輸送；交通業；運輸工具，運輸費用；流刑，放逐；車票，船票

transporter *n.* 運輸者，運送者；運輸機，運送裝置

trap *n.* 詭計，圈套，埋伏，捕捉機，陷阱；（英）偵探，警察

trap *v.* 誘捕；用計陷害，設陷阱

travel *n.* 遊歷，旅行；遊行推銷貨物

traveller (traveler) *n.* 旅行者，旅遊者；旅客，旅行推銷員

traveller's check (cheque) 旅行支票

treacherous *a.* 奸詐的；背叛的；背信棄義的；危險的，叛逆的

treachery *n.* 背叛，變節；背信棄義；叛國，叛逆

treason *n.* 叛逆，通敵，叛國罪；不忠，背信，叛國

treasure *n.* 金銀財寶；財富；珍品

treasury *n.* 國庫，金庫；寶庫，合庫；資金，（國家或機關）所擁有的款項；（大寫）（英）財政部

Treasury Department （美）財政部

treat *v.* 看待，對待，視為；處理；探討；交涉，談判，商議，款待；論述；治療

treatment *n.* 處置，處理；待遇；治療

treaty contracts (=contractual treaty) 契約性條約

treaty obligation 條約義務

treaty ratification 條約批准

treaty-making *n.* 締約的，立約的

trespass *n.* 侵犯（行為）指普通法上的一種犯罪行為，受侵犯的一方可提起訴訟索取賠償。侵犯行為可分為：毆打、監禁，強入私人土地等的暴力侵犯；未經允許侵入關閉地力的闖入侵犯；非法獲取他人財物的准動產侵犯）；侵害行為；侵害訴訟；非法侵入，侵犯，侵害

trespass by placing things on land 留置物件於他人土地上的侵犯行為

trespass by remaining on land 停留他人土地內的侵犯行為

trespass by wrongful entry 不法進入的侵犯行為

trespass to chattel 侵害動產行為，侵物行為

trespass to goods 侵物行為，非法佔物行為

trespass to land （暴力）侵犯他人土地

trespass to person and property 對人身或財產權的侵犯行為

trespass *v.* 非法侵入（他人土地或住宅），侵犯（權利）；犯罪，違犯（與against連用）

trespasser *n.* 侵佔他人土地者；侵入他人住宅者；侵害者；不法侵入者

trial *n.* 審問，審判；審理；試用，試驗，考驗

trial judge 初審法官

trial of final instance 終審

trial of first instance 初審，一審

trial procedure 審判程序

tribunal 法庭，裁判所；裁判，批判；法官席，裁判席，審判員席

trier *n.* 試驗者，檢驗者；檢驗用具；審問者；法官；（英）決定陪審員應否迴避的裁定員（又稱trior）

trier of the case 審理案件的司法官

trip *n.* 摔倒，絆倒；失足，差錯，過失；旅行

trip *v.* 使犯過錯，發覺（某人）錯誤，失誤，差錯

trouble *n.* 困難，煩惱，煩擾；紛爭，強擾

true *a.* 真實的，確實的；準確的，可靠的，真正的，忠實的

true statement 真實供詞；正確陳述

trust *n.* 托拉斯，操縱某一行業的組合；信託財產，信託物；業物信譽；相信，信任；委託；信託；照管；（受託付人可支配應用的）信託或託管財產；責任，職責

trustee *n.* 受託人，受託管理人；保管委員，董事，理事；託管團

trustworthy *a.* 可信任的，可靠的可信賴的

truth *n.* 真實；真相；事實；真實性，確實；誠實，真理

(the) truth, the whole truth, and nothing but truth 所說全是事實，決無謊言（證人在法庭上作誓言時的常用語）

truthful *a.* 真實的，說實話的，誠實的

try *v.* 試，試行；試驗，試用，試圖；審問，審判，審理（案件）；考驗；解決（爭執，問題）

try a case 審理案件，審案

T

turn *v.* 翻轉，轉動；改變；使回罄；驅使，驅逐；使用，利用；使銷售殆盡；得到，賺到；依賴；翻譯；作成，形成；阻止

turn down 拒絕，摒斥

turn King's (Queen's或State's) evidence 供出對同犯不利的證據，共犯成為控告一方的證人

turn out 逐出，驅逐；結果，判明為；罷工

turn over 移交，交付；讓渡；轉賣，投資後收回（資本），營業額達到……；翻轉

turnover *n.* 翻倒，翻轉；倒轉，周轉；營業額，成交量；證券交易額；流動，流通，吞吐

turnover tax 營業稅，周轉稅

turpitude *n.* 邪惡，可恥行為；卑鄙

ugly *a.* 醜陋的；邪惡的；險惡的；可憎的；脾氣壞的；好爭吵的；令人困窘的，難處的

ulterior *a.* 進一步的，日後的，將來的；在彼方的，遙遠的；隱蔽的，秘而不宣的

ulterior motive 隱秘不明的動機

ulterior purpose 進一步的目的

ultima ratio 最後談判；最後的論據；最後手段（尤指訴諸武力）

ultimate *n.* 終極；根本；頂點

ultimate *a.* 最後的，最終的；基本的，根本的；主要的；最大的，極限的

ultimate cause 最終原因，終極原因

ultimately *ad.* 最後，終究，總之，終結

ultimatum 最後通牒，哀的美敦書；最後結論；基本原理，根本意義

ultra *a.* 超乎尋常，極端的，過度的，額外的

ultra 額外的；超過的

ultra vires (act) 越權行為（與intra vires相對）

unable *a.* 無能力的，無資格的，沒有辦法的，無能為力的

unacceptable *a.* 不能接受的，不受歡迎的，難以承認的

unalienable *a.* 不可轉讓的；不可剝奪的；不可出賣的

unalienable right 不容剝奪的權利

unanimity *n.* 全體一致，一致同意；合意，協調

unanimous verdict 一致裁定

unanimous vote 一致的選票

unascertainable *a.* 無法確知的，不能確定的

unascertained *a.* 未確定的，未確知的

U

unavoidable *a.* 不可避免的，不得已的；不能廢除的

unborn *a.* 未誕生的；未來的；原來存在的

unborn child 未出生的胎兒；待生的嬰兒

uncertainty *n.* 無定性；不確定；無常；不明確（尤指一些有法律效力的字據、證明如字句不明確，將導致失效。又指對於訴狀答辯因有不明確處將會被法院刪去）；有疑問

unconditional *a.* 無條件的；絕對的

unconditional acceptance 無條件承諾；無條件承兌

unconscionable *a.* 不受良心引導或約束的；不法的，肆意的；不合理的，不公平均；過度的

unconscionable bargain 違背良心的合同（契約），不公平的合同（契約），不合理的交易（指因考慮欠妥，使另一方佔便宜的交易）

unconscious *a.* 無意的；不知不覺的；未發覺的

unconstitutional 違反憲法的；違憲的，不合憲法規定的

unconstitutional law 違憲的法律

undefined *a.* 未闡明的，未解釋的；不確定的；不明確的

under *prep.* 依據……的規定；在……規定下；受制於……，依據

under arrest 被逮捕

under duress 被迫，在脅迫下

underground *n.* 地下組織，秘密組織；秘密活動

underground *a.* 地下的，秘密的，不公開反抗的

underlying *a.* 基本的，根本的；在下面的；暗示的，不明顯的，含糊的；（財政、商業上）優先的；附屬的

undermine *v.* 暗中破壞；以陰謀中傷傷害

under-signed *n.* 簽署人，簽名人

under-signed *a.* 簽名於文件或信件上的，簽名於文件末尾的

understanding *n.* 協商，協議；諒解；理解，理解力；意義，所了解的意義

undertake *v.* 從事，著手，承擔；擔保；許諾；答應

undertaking *n.* 保證，承擔，許諾（尤指在訴訟程序進行時，當事人或他的律師所作的允諾或承擔，法庭據此可用拘押、查封或禁令等方式來強制執行）；企業，事業（單位）

U

underwrite *v.* 簽名於下；負責保險；同意支付，同意負擔；認購，認捐；承諾（支付賠償等）

underwriter *n.* 承保人，保險人，（水上）保險商；（股票、債券等的）承購人，承包人；承諾支付者

underwriting of shares 承受股份保險

undesirable *n.* 不受歡迎的人；不良份子，不法份子

undetermined *a.* 未確定的，未解決的；不堅定的，不果斷的

undischarged *a.* 未引發的（彈藥等）；未算清的，未清理的；未清的；未實施的

undisclosed *a.* 身分不明的，隱名的；未透露的，保持秘密的

undisputed *a.* 無需爭論的，無疑問的，確然無疑的

undisputed facts 無可非議的事實

undue bond (或debt) 未到期的債券（或債務）

undue enrichment 不當得利

unemployed *a.* 失業的，未用的，不被利用的；未受雇的

unemployment *n.* 失業；失業人數

unencumbered *a.* 不受妨得的，沒有（抵押等）負擔的，沒有子女的

unenforceable *a.* 不能強制的（指得不到法律上的幫助而不能強制執行）；不能執行的；不能實行的

unenforceable contract 不能強制履行的合同（契約）

unentitled *a.* 無資格的，無權利的

unequal *a.* 不平等的；不公正的；不適合的；不相稱的；不同的，不等的

unequal treatment 不平等待遇，不公正的待遇

unequivocal *a.* 不含混的，明白的，直率的；絕對的，無例外的；不容置疑的

unexpected *a.* 不能預料的，意外的

unfair *a.* 不正直的，不公平均，偏頗的，不正當的，不合理的

unfavo(u)rable *a.* 不利的，有害的；不吉祥的；相反的，不同意的

unforeseeable *a.* 不能預見的，預料不到的

unforeseeable act of a third party 不可預見的第三人的行為

unforeseeable consequence 不能預見的後果

unification *n.* 統一；一致；單元化

unified *a.* 統一的，聯合的

uniform *a.* 相同的，一致的；統一的；一貫的，始終如一的

Uniform Commercial Code （美）《統一商法典》（除路易斯安那州外，其他州都已採用）

unilateral *a.* 單方面的，片面的，單獨的；一方的

unilateral act 單方行為，一方行為，單獨行為

unilateral contract 單務契約

unilateral mistake 單方錯誤，一方錯誤

unintentional *a.* 非故意的，無意的，無心的

union *n.* 聯合，組合；工會，協會，聯合會，公會，聯盟；結婚，性交

unit *n.* 單位；單元；部隊（單位）；一部機器

unitary *a.* 不可分割的；單一的；一元論的；中央集權論的

united *a.* 聯合的，統一的；一致的，團結的

United Kingdom 英聯合王國（包括大不列顛和北愛爾蘭，首都在（倫敦）

(the) United Nations 聯合國（根據1945年在舊金山會議簽訂的《聯合國憲章》而成立的一個世界性的國際組織）

United States Court of Appeals 美國上訴法院（指1981年設立的中級上訴法院，目的在減輕最高法院處理聯邦審理法院所有原判決上訴案件的負擔）

United States District Court 美國地區法院（指

各州具有一般聯邦管轄權的審理法院，現共有90個）

unity *n.* 獨一，統一；聯合，結合；調和，和諧；共同租地權；（目的，行動的）一貫性，不變性

universal *a.* 普遍的；全的；全世界的；通用的；一般的

unjust *a.* 不公正的，不公平均；不合理的，不當的

unjust (or unjustined) enrichment 不當得利（指依法應歸他人的財物和利益。禁止不當得利是一項原則。）

unjustified *a.* 不正當的，不合理的

unknown *a.* 未知的，不明的，不詳的，不確知的

unlawful *a.* 不法，不法的，非法的，不合法的，不正當的，違法的；私生的（孩子）

unlawful entry 非法侵入（土地等）

unlawful possession 非法佔有

unless *conj.* 除非，如果不

unlimited *a.* 無限的；無邊際的；不定的；不受約束的；無條件的；無例外的

unlimited liability 無限責任

unlimited partnership 無限合夥

unprejudiced *a.* 無偏見的，大公無私的，公正的；未受損害的（權利等）

unreasonable *a.* 不講道理的，非理智的，不合理的，過度的，過分的

unrest *n.* 不安的狀態；不安寧；動蕩的局面；動亂，騷動

unsecured *a.* 沒有抵押的，沒有擔保的；沒

有繫牢的，沒有拴緊的

untrue *a.* 虛偽的，不真實的，不正確的；不合原則的，不符標準的

unwarranted *a.* 無保險的；未經保證的；難保證的；難獲許可的；不當的；無正當理由的

unwilling *a.* 不願意的；勉強的；不服從的

unwritten *a.* 習慣的；不成文的，未記諸文字的，口傳的；空白的

unwritten law 不成文法，習慣法；因殺死誘姦其妻或其女者的罪犯應減輕的原則（或公意）

uphold *v.* 確認；贊成；支持；保護；維護，保養

uphold a verdict 確認（陪審團的）裁決

Upper House (=Upper Chamber) （英）上議院

urban *a.* 城市的，都市的，市區的

urgent *a.* 緊急的，急迫的；強求的

usage *n.* 習慣，慣例，常例；處理，對待；習慣法

usage of trade 商業慣例，貿易慣例

use *n.* 使用；利用；耗盡；用盡；運用；受益；（對委託他人管理的不動產的）受益權；使用權；用法；效用，益處，價值；習慣；慣例

use of force 使用武力

user *n.* 使用者，用戶；使用權；佔有人，受益人，有使用權益的人；不確定的佔有；使用權的實際享有（或使用）

usurious *a.* 放高利貸的，用高利盤剝的；取

高利的，收高利的

usurp *v.* 篡奪，篡權；潛取，霸佔，侵佔

usas 使用；時效婚（羅馬法中男子誘女至家中共同生活，經過一年，法律上發生夫妻關係，謂之時效婚）

utility *n.* 有用，有益，利益，效用；有用之物；公用事業；（複）公用事業發行的債券或股票

utility *a.* 多種用途的，實用的；公用事業的

vacancy *n.* 空的；空職；空缺；茫然若失；空間；出租的空房間或空場所

vacant *a.* 空的，空虛的；閒暇的；無人利用的；無主的；遺棄的，無繼承人的

vacate *v.* 取消；使無效；撤出；離開；辭去；使空出；搬出；空出（房屋、職位等）

vacation *n.* 假期；（法院的）停審期，休庭期（尤指英國高等法院的法庭和議事室停止處理日常事務的假期。休庭期為：長期假：8月1日至9月30日；聖誕節假：12月22日至次年1月10日；復活節假：從本節前星期四至第二個星期一；聖靈降靈節假：從本節前星期四至等二個星期一）；退還租屋；辭職；休假

vaild *a.* 有效的，經過正當手續的；正當的，正確的，有根據的

vaild contract 有效契約

validate *v.* 使生效，使有法律效力；確認，由事實或權威支持，證實

validity *n.* 有效，效力；合法性；正當，正確，確實

validity of contract 契約效力

valuable *a.* 有價值的，有用的；可估價的

valuable(s) *n.* 有價物；貴重物品

valuation *n.* 估值，計價，評價，估價；購買力；價格

value *n.* 價値，價格；重要性；意義，真義

value added tax 增值稅

variable *a.* 易變的，常變的；可變的

variation *n.* 改變，變更，變化；變量，變度

varied *a.* 不同的，種種的；變化的

various *a.* 不同的，種種的，各式各樣的；許多的；改變的，可改變的

vary *v.* 改變，變換；交替，更換；違反，違背（form）

vehicle *n.* 車輛；媒介；傳送工具

vendee *n.* 買主，買受人

vender (vendor) *n.* 賣主；小販；出賣人

vendor *n.* 出賣人，賣主；小販

ventilate *v.* 宣布；自由討論（問題，意見）；洩露；公開討論

venture *n.* 冒險；投機；商業冒險，商業經營；敢說，敢為，敢於從事；企業

venturer *n.* 冒險者；投機商人；企業經營者

verbal *a.* 言辭的，口頭的；字句的，非書面的

verbal accusation 口頭控告

verdict *n.* 定論；判斷；意見；事實的認定，事實決定書；（由陪審團一致通過而為法院接受的）正式判決（或裁決）；裁決

verdict for the plaintiff 有利於原告的裁決，原告勝訴的裁決

verdict for the guilty 有利於被告的裁決，被告勝訴的裁決

verdict of not guilty （陪審團的）無罪的裁決

verdict of guilty （陪審團的）有罪的裁決

verifiable *a.* 可檢驗的；可作證的，可證實的，可證明的

verified *a.* 經證明，經證實，作證的，鑑定的

verified copy 作為獨立證據的文件副本

verify *v.* 證實；證明；作證；宣誓後作證；

把舉證明聲明寫入（訴狀或答辯狀的）末尾；鑑定，查對、認定

version *n.* 翻譯，解釋；譯文；說法，看法，描述

versus *prer.* 訴；對（多用於訴訟、比賽中，如說某人訴某人；常縮寫為v或vs）；相形，比較（兩者中選一）

very *adv.* 很，甚，極其，非常

very *a.* 完全的，充分的，真正的；最大程度的；同一的

vessel *n.* 船；飛；飛機（尤指水上飛機）

vest *v.* 授給，賜給，賦予（財產、權利、權力等）；（財產、權利等的）歸屬；置予……管理之下

vested *a.* 法律規定的；既得的；既定的；完全或永久所有的

vested right 既得權利；（職工在未達退休年齡之前離職仍）應獲得（退休福利）的權利

veto 否決，禁止，拒絕；否決權；禁止權；行政機構反對立法機構所通過的法案時所申請的理由

veto power 否決權

veto *v.* 不認可，否決，禁止

veto a bill 否決（一項）議案

viability *n.* 生存能力（亦稱生活能力，指嬰兒出生後有生存和養活的能力）

viable *a.* （胎兒）能活的，能養活的

vicarious *a.* 代理的，代理人的，替代別人的

vicarious liability 替代責任

vice versa 反之亦然，反過來

vice （前綴）表示「副」；「次」；代理

V

vicinity *n.* 附近，鄰近；附近地區，近郊，近處

vicious *a.* 有惡意的；惡毒的；有惡習的；惡的；邪惡的

vicious circle 惡性循環；循環論證

victim *n.* 受害人；被害人；遭難者，替罪羔羊

view *n.* （從屋窗戶的）眺望權；看，望；意見；見解；目的，意向；意圖；視察（尤指在民事案件中涉及不動產如土地、房屋時、法官和陪審團親自去物業所在地視察）；（陪審團對有關財物、屍體、現場等的）查驗

view *v.*（陪審團對有關財物，屍體現場等）查驗；觀察

vigilant *a.* 警醒的；警戒的；注意的

vindicate *v.* 辯護，辯解，辯明；證明有理；（羅馬法上的）再取得（權利、財產等）

vindication *n.* 辯明，辯白；辯護；證實；藉口；證明有理的事

violate *v.* 違犯（法律、契約等），違反；妨害，妨礙，擾亂；干擾，騷擾；強姦，侮辱；侵犯

violate a law 違法，犯法

violation *n.* 違犯，違背，違反；侵犯，侵害，妨害；強姦

violation of a right 違反權利；侵犯（他人的）權利

violation of constitution 違憲

violation of contract 違反契約；違約

violation of international law 違反國際法

violation of privacy 妨害私事；侵入或闖入（某人）私室

violation of treaty 違反條約

violence *n.* 暴行；暴力；暴亂；傷害；猛烈，劇烈；歪曲（事實或意義），篡改

vis major 不可抗力；不能抵抗的力量

visa （護照等上的）簽證，檢查核准

visible *a.* 看見的；有形的；明顯的

visit *n.* 視察，調查；訪問；參觀；遊覽；（戰時）海軍人員對中立國船隻的檢查

visit *v.* 訪問，探望，參觀，遊覽；視察；巡視；（疾病，災害等的）侵襲；懲罰；懲治；施加

visitor *n.* 視察人，檢視人；（海關等的）檢查員，檢驗員

vital *a.* 生命的；維持生命所必需的；致命的；嚴重的；極需的，極重要的

vocation *n.* 行業，職業；職業上的才能；使命

voice *n.* 聲音；意願；意見；發言能力，發音能力；發言權；參與決定權；發表，表示，吐露

void *a.* 法律上無效的；無效的；無用的，作廢的；無人擔任的

void ab initio 自始無效

void and voidable 無效甚至可以作廢的

void contract 無效契約

void *v.* 使無效，使作廢

voidable *a.* 可撤銷的；可使無效的；可作廢的

vidable contract 可撤銷的契約

voir dire (或voire fire) 預備訊問（指從前英國星室法院所採用的一種訊問程序，法官在證人發問一些問題，看見是否有作證能力。如精神不健全，則會被拒絕作證）；預先審核（在美國這個詞是指法院對前來充當過證人或陪審員的人進行初步審查，看是否說真話，是否合格）

voluntary *n.* 自願做的事；自願的行為

voluntary *a.* 無償的（在英國法中指無價格的報酬。如無償的贈與文據等，如果經正式簽名蓋印，可以有效，但無償的財產交付文據，如在交付後二年內，財產所有人宣告破產，則這種交付是無效的）；自願的，自動的；故意的，為意志所控制的

voluntary abandonment 自願遺棄者（作為法定離婚的依據）；（收養上的）自動遺棄行為

voluntary acceptance of risk 自願承擔風險

volunteer *n.* 志願者，志願從事者；志願兵

volunteer *v.* 自願提供；自願效勞；自動，自動獻出

vote *n.* 投票，表決，選舉；票選票；選票數；投票權，表決權，選舉權；選民，投票人；議決事項；投票方法，投票過程；贊成或支持的表示

vote of assent 同意票

vote of dissent 不同意票

vote against 投票反對

vote for 贊成，投票贊成，選舉（某人）

voter *n.* 選民，選舉人，投票人，有投票權者

voting *a.* 投票的，選舉的，表決的

vow *n.* 誓；誓約；熱誠的宣言；許願

vow *v.* 立誓，宣誓；許願

vulnerability 弱點

vulnerable 可傷害的；易受攻擊的；難防守的，有弱點的

wage(s) *n.* 工資；薪金；報酬；代價

wage assignment （美）工資轉讓（指根據債務契約或判決扣除應付債款的人工資，轉交給他的債權人。）

waive *v.* 放棄（權力，要求等）；丟棄（所偷贓物）；撤回，停止，不繼續，不起訴；延期進行

waiver *n.* （自動）放棄，棄權，棄權聲明書

walk *n.* 步行；行為；生活方式；行業；階層；英儀仗際；放牧場；（英）森林管理員管轄的林區

walk *v.* 步行；處世，行事；徒步執行，徒步查看；使（人）走動；使（物）移動

wall *n.* 牆，圍牆，城牆；（複）壁壘

wallet *n.* 皮包；皮夾；錢袋

want *n.* 需要，需求；不足、缺少，缺乏

wanton *a.* 胡亂的；放縱的；任性的，放肆的；淫蕩的，閒蕩的，奢侈的

war *n.* 戰爭；衝突；戰爭狀態；軍事

war crime 戰爭罪行（指包括四種特定的犯罪行為：陰謀發動侵略戰爭；違反國際條約，發動侵略戰爭；違反戰爭法規和慣例，并出於軍事需要，而殺害人命，掠奪財產；奴役，滅絕，違反人性的罪行）

warehouse *n.* 倉儲，貨棧，倉庫；（英）大型零售商

warfare *n.* 戰事，作戰，交戰；衝突

warn *v.* 警告，警戒；預告，通知，命令；召喚

warner *n.* 警告者，告誡者，預告者

warrant *n.* （正當）理由；根據；保證；證

明；權利；授權，批准；許可證，逮捕狀，搜查令，授權令（指有簽名、蓋印的命令，授權官員逮捕罪犯，依法審判；又指民、刑事訴訟進程中，法院發出的各種執行令）；棧單，付款或收款清單；（公司發出的）認股證書

warrant of seizure 沒收令，查封令

warrant to search a house 搜查房屋令

warrant *v.* 保證，擔保，證明，授權，認為正當

warranted *a.* 有權利的；有權威的，合法的

warrantless arrest 無逮捕證的逮捕，無令狀的逮捕

warranty *n.* 保證，擔保；保單；擔保契約；令，狀；正當理由；合理根據，依據；授權，批准

warranty period 保證期限，保證期間

warranty of quality 質量保證

warranty of title 資格證明書；權利擔保，產權擔保

waste *v.* 浪費，消耗；未充分利用；因使用不當而損壞

watch *n.* 注意，警戒，監視；值班；觀察，看護，守夜，照管；看守人，哨兵，警衛，值班人

watch-dog *n.* 守衛，監察人；監督

water 水；海道；海域

water supply 供水；供水裝置

water-tight *a.* 不透水的；無懈可擊的；十全十美的

watershed *n.* 分水線；分水界；分水嶺，（河

床）分水界；流域；重要關頭，轉折點

wave *n.* 揮手示意；打信號示意

waver *n.* 猶豫，搖擺，躊躇

waver *v.* 顫抖；搖擺，猶豫，躊躇，動搖

way *n.* 方向；方式；習慣，情形，狀態；道路；路程，距離；行業，職業；規模，範圍；通行權

weak *a.* 弱的，虛弱的，衰弱的；差的，薄弱的，淡薄的；無活力的，散慢的，不簡練的

wealth *n.* 財富，財產；豐富，多量

weapon *n.* 武器，凶器、兵器

wear and tear 磨損，損耗

wed *v.* 嫁給；將……嫁給；娶；結合，結婚

wedding *n.* 結婚；婚禮，結婚紀念日；融合，結合

weight *n.* 重量，份量；衡量制；重壓，壓迫；重要性；影響力；權力，勢力，權勢

weighted *a.* 加重的，衡量過的；（指一議員投票）有代表性的

welfare *n.* 幸福，福利，福利事業

well *adv.* 妥善地，令人滿意地，好意地，優待地，有理由地，充分地，完全地

whereas *conj.* （公文用語）考慮到，鑒於，就……而論；既然

whereby *adv.* 因此，由是

wherefore *adv.* 因此，所以

whistle-blower *n.* （美）告密者，揭發者（尤指大公司等內部起來揭發腐敗內幕的雇員）

white *a.* 白的，蒼白的；清白的；公正的；

（政治上）白色的，恐怖的，反革命的；白人的

white collar （美）白領階層的（指一般不從事體力勞動的教師、企業機關職員等人的）

white collar crime 白領犯罪（指有上層社會經濟身份的人在職務上的犯罪，如：公務人員和企業公司人員的犯罪等）

whole *a.* 總的，總體的；全部的，整個的；完全的，充分的，健康的

wholesale *a.* 大批的，大規模的，批發的

wholesale merchant (wholesale dealer) 批發商人

wholesale price 批發價

wholesaler 批發商

widow *n.* 寡婦，遺孀

widkwer *n.* 鰥夫

wife *n.* 妻子，已婚婦女

wilful *a.* 有意的，故意的；任性的

wilful act 故意行為

will *n.* 遺囑；願望，意志，意向

win *v.* 獲勝，成功；獲得，博個；贏得

wind up 解散（公司），結束營業；了結，結（案）

winding-up *a.* 清理，結束業務；結束

winding-up of company 解散公司，公司清理

winner 取勝者

winner of a lawsuit 勝訴人

winning a suit 勝訴

wire-tap *n.* 非法竊聽（指偷接電話電報線或以竊聽秘密）

wiretapper *n.* 竊聽電話或電報者，以竊取的

情報進行詐騙者）

wiretapping *n.* 竊聽電話電報秘密

with consent 證得……同意或認可

with intent 蓄意

with reference to 關於，根據

with respect to 顧及到；關於

with the advice and consent 得……的指示及同意

withhold *v.* 不給；拒絕；扣留；制止；抑制；阻止；扣繳

within *prep. adv.* 在……裏面，在……內；不超過，在……範圍內

without *prep. adv.* 無，沒有，不；在……外面，在…外部

without cause 無故

without delay 毫不遲延地

without prejudice 無偏見，無損；無偏袒的裁決（亦稱沒有不利於原告的裁決；這與with prejudice相對而言，用作撤銷起訴裁決的一個術語。作出這種無偏袒的撤銷起訴裁決後，仍允許原告以原案同樣理由，重新提出訴訟）

witness *n.* 證人，連署者；目擊者；證據，證明，證言

witness testimony 證人證言

witness *v.* 目擊，目睹；（協議、遺囑等）連署；作證，證明；表示，表明

word(s) *n.* 詞句；言語；措辭，說話；諾言；保證；口角；爭論；命令；口令

work *n.* 工作，勞動；職業，業務；行為；（常用複）著作，作品；工程；工事；產

品；成果

work force 勞工，勞動力，勞動大軍

work load 工作量

work permit （工會發給非會員的）工作許可證

work *v.* 工作，勞動；運轉，造成；形成；騙取

worker *n.* 工人，勞動者；工作者，人員

World Health Organization (聯合國）世界衛生組織

World Intellectual Property Prganization （聯合國）世界智慧財產權組織

world war 世界大戰

worship *n.* 尊敬；對法官的尊稱

worthless *a.* 無價值的，無用的

wound *n.* 傷，創傷，損傷；（信用，名譽，感情的）損害；痛苦

wound *v.* 傷害

wounded *a.* 受傷的；受了損害的

writ *n.* 文字，文書；書面命令；傳票；（法院等的）令狀；令（指一種文書，加蓋君主的名銜和政府的印信，來命令接受命令的人去做或不做某些事。古時，有由大法官府用國璽發出的訴訟開始令，現時有授予權利令，提起訴訟令，執行令等）

writ certiorari (=writ of certiorari) （英）調取案件令狀（參見writ of certiorari）；（美）批准向最高法院上訴令狀

writ of Habeas Corpus （英國普通法中傳統的法院令狀之一的）人身保護狀（參見Habeas Corpus）

writ of mandamus （上級法院給下級法院或官吏的）職務執行令狀

writ of replevin 請求返還非法侵占的動產令狀

writ of search (search warrant) 搜查令狀

writ of subpoena 傳審令，傳訊令狀，傳票，傳召出庭令

writ of summons 傳票傳喚令狀（指按英國司法條例所有訴訟在開始時所發出的令狀），傳訊令

write *v.* 寫，填寫，開（票等）；簽字，承擔（契約責任等）

writer *n.* 作者，作家，撰稿人；文書；辦事員；（蘇格蘭）律師

writing *n.* 書寫；筆述；寫成的文件；（複）作品，著述；書寫職業或寫作工作

written *a.* 書面的，文字的，成文的

written agreement 書面協議，書面契約

written contract 書面契約

written form 書面形式

wrong *n.* 過失，過錯行為，錯誤；損害，不公正的待遇；惡，邪惡；罪行

wrong *a.* 不正當的，不法的；邪惡的，不適當的；有毛病的

wrong *v.* 傷害；冤枉；屈待

wrong-doer *n.* 不法行為者；做壞事的人；犯罪的人，加害人，侵權人

wrong-doing *n.* 惡事，惡行，犯罪

wrongful *a.* 錯誤的，不正當的，傷害的，污辱的，不公正的；不法的，非法的

wrongful acts 不當行為，不法行為，非法行為

wrongful abuse of process 非法濫用訴訟

W

wrongful arrest 非法拘捕
wrongful civil proceedings 不合法的民事訴訟
wrongful criminal proceedings 不合法的刑事訴訟
wrongful dealing 不公平的交易
wrongful death action 非正常的死亡訴訟，意外致死訴訟
wrongful death statutes 非法致死法規（指美國各州對非法造成死亡的侵權行為作出的規定）

xenophobia *n.* 對外國人的仇視，對外國人的恐懼

xenophobic *a.* 仇外的，恐懼外國人的

yes *n.* 贊成票；投票贊成者；贊成者；同意，贊成

yield *n.* 出產；出產量；收益

yield *v.* 讓與，給與；放棄，讓渡；被迫放棄；投降；同意，承讓；生產；出產，產生（效果，收益）

young *a.* 少年的，年輕的；年齡較小的；無經驗的，未成熟的

young person （英）（14～17歲的）青少年

youth *n.* 青年；青年時期，青春時期；青少年時期

zero *n.* 零；零號；最低點
zone *n.* 區，地區；區域；範圍；界
zoning *n.* 分區，分區制；城市區劃
zoning law （美）城市區劃法
zoning ordinance （美）市區劃分令

Z

MEMO

MEMO

MEMO

MEMO

家圖書館出版品預行編目資料

簡明法律英漢辭典／五南編輯部
編訂. --初版--. --臺北市：五
南, 2014.03
面； 公分.
SBN 978-957-11-7399-3（平裝）
.法律 2.詞典
80.4 102021935

1QJ6

簡明法律英漢辭典

編 訂 者 — 五南編輯部
發 行 人 — 楊榮川
總 編 輯 — 王翠華
主　 編 — 劉靜芬
責任編輯 — 宋肇昌
封面設計 — P.Design視覺設計
出 版 者 — 五南圖書出版股份有限公司
地　 址：106台北市大安區和平東路二段339號4樓
電　 話：(02)2705-5066
傳　 真：(02)2706-6100
網　 址：http://www.wunan.com.tw
電子郵件：wunan@wunan.com.tw
劃撥帳號：01068953
戶　 名：五南圖書出版股份有限公司

台中市駐區辦公室/台中市中區中山路6號
電　 話：(04)2223-0891
傳　 真：(04)2223-3549
高雄市駐區辦公室/高雄市新興區中山一路290號
電　 話：(07)2358-702
傳　 真：(07)2350-236

法律顧問　林勝安律師事務所　林勝安律師

出版日期　2014年3月初版一刷
定　 價　新臺幣300元